ITALO-CANADESI:
NATIONALITY AND CITIZENSHIP

Essential Essays Series 64

Co-Published with Centro Scuola e Cultura Italiana

ITALO-CANADESI

NATIONALITY AND CITIZENSHIP

ALBERTO DI GIOVANNI

Prefazione di: Odoardo Di Santo
Introduzione di: Errico Centofanti

GUERNICA

TORONTO – BUFFALO – LANCASTER (U.K.)
2014

Book design by Jamie Kerry of Belle Étoile Studios
www.belleetoilestudios.com

Michael Mirolla, general editor
Guernica Editions Inc.
1569 Heritage Way, Oakville, ON L6M 2Z7
2250 Military Road, Tonawanda, N.Y. 14150-6000 U.S.A.

Front cover image: Mosaic mural
Location: Piazza della Fontana Mary Bartolini at
Villa Colombo, 40 Playfair Ave, Toronto
Artist: Alexander von Svoboda, born in Austria in 1929
Installation: 1975 by Connolly Marble and Mosaic, Olvino De Carli family
Sponsored by: Colombo Lions Club

Distributors:
University of Toronto Press Distribution,
5201 Dufferin Street, Toronto (ON), Canada M3H 5T8
Gazelle Book Services, White Cross Mills, High
Town, Lancaster LA1 4XS U.K.

First edition.
Printed in Canada.

Legal Deposit – Third Quarter
Library of Congress Catalog Card Number: 2014941818

Library and Archives Canada Cataloguing in Publication
Di Giovanni, Alberto, 1945-, author
Italo-Canadesi : nationality and citizenship / Alberto Di Giovanni.
(Essential essays series ; 64)
Issued in print and electronic formats.
ISBN 978-1-55071-918-5 (pbk.).
--ISBN 978-1-55071-919-2 (epub).
--ISBN 978-1-55071-920-8 (mobi)
1. Italian Canadians--Ontario--Toronto--History. 2. Italian
Canadians--Ontario--Toronto--Social conditions. I. Title.
II. Series: Essential essays series (Toronto, Ont.) ; 64
FC3097.9.I8D5 2014 971.354100451 C2014-903731-7
C2014-903732-5

A mia moglie Caroline
Ai miei figli Carlo Alberto, Franca, e Annamaria
Ai mei nipotini David e Grace

Con amore.

Collaborazione editoriale

Errico Centofanti
Antonia Serrao Soppelsa
Caroline Morgan Di Giovanni

Sommario

Brevi annotazioni dell'autore

Nella stesura di questo volume ho cercato di fare tesoro della lezione del drammaturgo e poeta Bertolt Brecht secondo il quale la storia è fatta di gente, di molti e non di pochi. Per avere una ampia visione microstorica è necessario esaminare eventi e luoghi specifici, dar risalto al contributo della gente comune.

Per questo il lettore incontrerà molti nomi, sono nomi di persone dei nostri giorni che provano la validità del non doverci rifugiare nel passato per rivendicare il nostro ruolo. La storia la si vive ogni giorno, spesso a nostra insaputa. Gino Ventresca, Fred Zorzi, Bruno Mesaglio, Isa Scotti, Maria Grifone Bandiera, Oreste Cerbara, con la loro vita il loro esempio le loro conquiste sono parte essenziale della nostra storia.

Parlo molto di me stesso, in questo libro: me ne sono reso conto solo rileggendo le bozze e me ne è venuto qualche imbarazzo. Tuttavia, riflettendo, ho dovuto convenire con me stesso di aver semplicemente esposto niente altro che le mie esperienze professionali e di vita, il che offre ai lettori qualche utile informazione e una serie di testimonianze di prima mano. In ragione di questo, mi sono perdonato e, sopra tutto, spero di venir perdonato.

Trovo necessario render conto anche di un'altra particolarità. Questa, però, l'avevo focalizzata già nella fase di scrittura. Si tratta dell'aver esposto vicende quasi esclusivamente riferite alla città di Toronto. Ma, pure in questo caso, come procedere diversamente, se a Toronto si sono materializzate quelle mie esperienze di cui ho creduto in qualche modo interessante poter mettere a parte i lettori? E poi, come avrei potuto occuparmi di tutto l'universo italo-canadese, non disponendo delle necessarie forze e competenze? Del resto, Toronto è una delle maggiori realtà canadesi e, in quanto tale, costituisce sicuramente, se non un modello quanto meno uno specchio della piú vasta realtà riguardante gli *Italian Canadians*.

Devo infine assolvere a un obbligo che in primo luogo è un autentico piacere, in quanto riguarda la gratitudine, cioè una delle piú amabili cose che la vita ci concede il privilegio di poter coltivare. Devo ringraziare, infatti, quanti hanno espresso il loro prezioso contributo affinché io potessi comporre questo libro, consapevole di dovermi fin d'ora scusare verso piú d'una persona, perché a procedimenti di stampa conclusi scoprirò certamente di aver omesso tante doverose citazioni.

Grazie, in primo luogo, a mia moglie Caroline, per il suo imprescindibile supporto intellettuale e per la sua generosa sopportazione domestica.

Grazie a Errico Centofanti, Antonia Serrao Soppelsa e Odoardo Di Santo per la loro collaborazione editoriale e per la continua amicizia e fiducia.

Grazie a Domenico Servello valido collaboratore per vent'anni e neo direttore del Centro Scuola e Cultura Italiana di Toronto.

Prefazione

Odoardo Di Santo

Sull'emigrazione Italiana sono stati scritti numerosi libri di ogni genere: memorie, ricordi, analisi storiche di aspetti particolari, analisi sociologiche, premiando in generale i luoghi della memoria.

A differenza dalle pubblicazioni precedenti e con un piú ampio respiro, Alberto Di Giovanni, direttore fondatore del Centro Scuola e Cultura di Toronto, ha raccolto le sue memorie nel volume *Italo-Canadesi: Nationality and Citizenship*, da cui emerge un ampio panorama della storia recente del Canada e della sua maturazione sociale nel mentre offre un attraente racconto del lungo viaggio della comunità italiana in Canada e con il Canada.

A differenza di tanti altri libri di memorie, Di Giovanni ci propone un quadro della comunità italo-canadese vista attraverso la sua esperienza personale di attento osservatore ma sopratutto partecipe attivo degli eventi che hanno caratterizzato lo sviluppo della comunità italiana, specialmente nella fase iniziale di insediamento nel secondo dopoguerra, a ridosso della massiccia ondata emigratoria degli anni cinquanta e sessanta.

In quel frangente gli italo-canadesi lottavano per sopravvivere in una terra cosi diversa dall'Italia, per lingua, costumi, clima e abitudini. Furono quelli gli anni in cui gli italo-canadesi capirono che potevano farcela ed incominciarono il lungo cammino di inserimento nelle Istituzioni, dalle organizzazioni nel campo del lavoro, scolastiche, politiche, religiose e sociali. Di Giovanni si muove con grande accortezza, offrendo al lettore un quadro esauriente del Canada illustrandone la struttura, la storia e l'evoluzione sociale che, in un breve lasso di tempo, da paese agricolo e "di taglialegna e portatori di acqua" divenne paese industriale, ammesso al club dei paesi piú avanzati, il cosidetto G8.

Di Giovanni, nel 1963, venne a ricongiungersi alla sua numerosa famiglia che lo aveva preceduto in Canada. Ed è attraverso la sua esperienza personale di giovane emigrato che racconta la storia del Canada. Il Primo contatto con l'università, gli esponenti in vista della comunità, il mondo del lavoro, le nascenti organizzazioni sindacali in cui erano coinvolti i suoi fratelli, la comprensione della situazione dei figli degli immigrati in un sistema scolastico a volte ostile e quindi l'impegno nelle organizzazioni comunitarie che venivano formandosi, fino al passaggio del Rubicone quando Di Giovanni decise di impegnarsi nell'insegnamento dell'italiano (e delle altre lingue etniche) con la fondazione del Centro Scuola e Cultura che, dopo circa quaranta anni, rimane tuttora l'esempio di un brillante successo.

Di Giovanni, ottimista impenitente, al termine del percorso che: "non è stato breve e non è stato agevole", si dice soddisfatto perché ha visto "noi Italian Canadians acquisire pienamente quello status di cittadinanza e di nazionalità che, senza minimamente intaccare l'orgogliosa rivendicazione delle nostre radici italiane, offre consacrazione giuridica alla fierezza d'aver conquistato con l'intelligenza e l'onestà il diritto di sentirsi e di venir riconosciuti autentici cittadini del Canada".

Partendo dall'analisi della natura dell'emigrazione verso il Canada, di capitolo in capitolo Di Giovanni passa a esaminare con linguaggio comprensibile ed efficace i vari aspetti della realtà canadese in simbiosi con l'esperienza personale e quella degli italo-canadesi.

In questa cornice viene analizzato il fenomeno del multiculturalismo e la sua positiva evoluzione nonostante l'opposizione delle forti lobby arroccate allo status quo, specchio del permanente dualismo della società canadese, forgiata originariamente dai due gruppi dominanti francofoni e anglofoni, cui si aggiungeva un forte richiamo che veniva dalla politica del melting pot adottata negli USA. Quella degli aborigeni, pur essendo la comunità originaria del Canada è stata sempre tenuta ai margini e tuttora viene esclusa dai palazzi del potere.

Un capitolo importante è dedicato alla evoluzione della nostra comunità, gravata fin dalle incerte partenze dalla presenza ingombrante dei notabili ed aspiranti notabili che Di Giovanni chiama "wannabes" fino ai primi tentativi di organizzazioni come la FACI ed il Congresso Italo-canadese. Per Di Giovanni è questo un processo che, con un pizzico di entusiasmo, definisce "autonomo ed irreversibile che avrebbe instaurato a tutti i livelli l'autogestione della comunità." Illustrando le realizzazioni comunitarie come Villa Colombo e Columbus Centre, Di Giovanni si dilunga ad esaminare il successo economico e l'ascesa politica degli Italo-canadesi, come pure il ruolo della chiesa cattolica negli anni dell'ultimo squarcio del secolo ventesimo.

Nel decennio del secolo presente la situazione è cambiata fondamentalmente. Le organizzazioni come il Congresso e la Chiesa Cattolica hanno perso il peso specifico che avevano nel passato, per varie ragioni. La comunità è invecchiata. Gli immigrati del dopoguerra lasciano spazio alla seconda e terza generazione che sono inserite ed operanti nella società canadese e non sentono piú il richiamo ed il bisogno delle istituzioni comunitarie. I figli degli immigrati del dopoguerra sono ora stabilmente inseriti nelle istituzioni a livello locale nei vari consigli municipali come pure a livello federale e provinciale, come viene ampiamente trattato da Di Giovanni.

Molto spazio Di Giovanni dedica allo studio delle terze lingue, insegnate durante il normale orario scolastico in molte scuole delle città di Toronto e di Vaughan. Questi programmi emersero a seguito di una epica battaglia e fanno onore all'Ontario, perché ne hanno ridefinito la natura multiculturale, arricchendo allo stesso tempo il bagaglio culturale dei giovani studenti e quello che viene definito il mosaico canadese.

Le memorie di Alberto Di Giovanni, che è esuberante, ottimista ed un tantino troppo buono, offrono un dettagliato compendio sia della storia del Canada sia della comunità italiana e della loro evoluzione, un panorama esauriente che, seppur talora espressione di un ottimismo che riflette la natura dell'autore, offre il quadro di una comunità di cui molti hanno già scritto, da angoli interessanti, ma non sempre comprensivi e completi.

Introduzione

Errico Centofanti

«I figli dei nostri figli, che ne sarà di loro? Chi saranno? Nuovi mezzi saranno scoperti per trovarci un posto sotto il sole. E questo sarà raggiunto con la guerra o con metodi pacifici? O dovremo tutti spostarci verso il Canada?»

Sembrano parole scritte adesso, ma in realtà sono di Hemingway e risalgono al 1926, l'anno di composizione di *Banal Story*, uno dei *Quarantanove Racconti*. Quando quelle parole mi hanno attraversato gli occhi per la prima volta, avevo vent'anni e del Canada conoscevo a mala pena solo il suo esistere e il suo consistere di uno sterminato paesaggio di neve appollaiato tra gli Stati Uniti e il Polo Nord. Che Hemingway potesse immaginare quel deserto di neve come una meta per la vita scatenò un uragano di interrogativi. Trovai le prime risposte, che generarono altre domande, lungo una sequenza tuttora in progress. Poi trovai il Canada e trovai Alberto Di Giovanni.

Sono uno di montagna e perciò so bene cos'è la neve, quella vera, quella che placidamente, fiocco dopo fiocco, riveste cime e valli con metri e metri di abbaglianti drappeggi. Quei fascinosi drappeggi, però, sanno essere anche ostili, se t'avviluppano mentre si vanno formando. Tutte le volte che m'è capitato di vedermeli crescere intorno, fino a diventare muraglie invalicabili per le ruote alle quali il mio mestiere comandava d'affidarmi, tutte le volte mi balenava il miraggio salvifico di quelle sovrumane locomotive dell'Orient Express eurasiatico o del Royal Hudson canadese che, sbuffando nuvolaglie di vapore e perforando la notte con i loro occhi perentori, macinavano migliaia di kilometri fendendo muraglie di neve con la medesima disinvoltura di Mosè impegnato nel dischiudere al suo popolo le onde del mare.

È precisamente l'immagine di una locomotiva del Royal Hudson impegnata nello scavalcare vittoriosamente ogni ostacolo frapposto dalle immensità canadesi, è proprio quell'immagine che ti viene in mente quando assisti o partecipi alle acrobatiche manovre con le quali Alberto Di Giovanni porta ogni volta a compimento i suoi ardimentosi progetti.

Il territorio del Canada è il piú vasto del pianeta, dopo quello della Russia. Con i suoi 10 milioni di kilometri quadrati dispone d'una superficie uguale a due volte e mezza quella dei 28 Stati dell'Unione Europea. In tanto spazio, però, a petto dei 460 milioni di cittadini dell'Ue, vivono solo 32 milioni di persone.

Un terzo di tutta la popolazione canadese si addensa nell'Ontario e Toronto, che dell'Ontario è la capitale, è la maggior metropoli del Canada: ci vivono 2,5 milioni di persone, di cui 700.000 d'ascendenza italiana. Bella e affabile qual è (tutt'altra cosa rispetto all'oppressività di New York), Toronto, per un abruzzese sentimentale quale io vorrei essere, può somigliare all'iperbolico inveramento di un sogno: meno antica dell'Aquila e meno abruzzese di Pescara, pare un felice e vincente sincretismo tra l'antica eleganza urbana aquilana e la modernità del dinamismo pescarese.

A Toronto, il baricentro dell'eleganza è Bloor Street. Lungo il suo miglio d'oro sfociano le supersofisticate viuzze di Yorkville, brillano le vetrine delle piú celebri griffes mondiali e esplodono i poliedri di cristallo e alluminio con cui l'architetto Daniel Libeskind ha magnificato in un'attrazione alla Disneyland il grandioso Royal Ontario Museum. Ma, questa è storia recente. In altri tempi, Bloor era meno trendy. Un po' piú a Ovest dell'attuale miglio d'oro, Bloor interseca Ossington Avenue. Piú d'una trentina d'anni fa, lí nella Ossington, a due passi dall'incrocio con Bloor, c'era (ma immagino esista tuttora), una dismessa stazione di polizia. Due piani con le facciate esterne di mattoncini ricoperti da una spessa tinta rossa, con le mostre di porte e finestre dipinte in giallo-beige, con la recinzione di robusta rete metallica ravvivata da generose pennellate di porporina argentata: un'ambientazione che piú tradizionalmente nord-americana non sarebbe possibile. Invece, nella "baccaiarda", cioè nel cortiletto retrostante, uno strepitoso mutamento d'atmosfera: un bel po' d'anziani giocavano, senz'ombra di fretta, a bocce o a tressette, un venerando jukebox offriva un sommesso sottofondo di mandolinate e Mario-Merola. Nell'interno dell'edificio, un ulteriore cambio di scena: gran viavai di gente, per lo piú donne, piú o meno giovani, tutte lustratissime e squillanti in un inglese variamente venato di variegate parlate italiane.

Eravamo all'inizio degli anni Ottanta del Novecento. In quel tempo, il magnifico Columbus Centre all'incrocio tra Lawrence e Dufferin era ancora in costruzione, mentre nella vecchia stazione di polizia sulla Ossington avevano sede le principali organizzazioni degli italo-canadesi, tra le quali il Centro Scuola e Cultura Italiana inventato da Alberto Di Giovanni. È lí, nella vecchia stazione di polizia, che ho incontrato per la prima volta Alberto. Da allora, molte cose sono cambiate, parecchie in meglio e alcune in peggio, ma Alberto è sempre lo stesso, è sempre la stessa irrefrenabile e geniale locomotiva che ogni giorno trascina tutto e tutti verso le piú inverosimili stazioni da lui stesso inventate e da lui stesso impiantate lungo i meno prevedibili tracciati dell'avventura umana.

Il principio vitale che muove e guida la quotidianità di Alberto è sorretto da due fondamentali pilastri. Il primo emerge a tutto tondo da uno dei ragionamenti che intessono la prefazione scritta dallo stesso Alberto per *Dalla frontiera alle Little Italies*, il libro dello storico canadese Robert F. Harney che in Italia è uscito nel 1984 nella collana diretta da Renzo De Felice per l'editore Bonacci:

Negli anni del secondo dopoguerra, Toronto e in generale le città canadesi sono state ben piú di frequente meta della immigrazione italiana che non New York, Chicago, San Paolo o Buenos Aires. Ma in Italia quello che Carlo Levi definiva il "mito americano" ha mancato di adeguarsi a questa realtà. Sebbene migliaia di famiglie italiane – sopra tutto in Abruzzo, Friuli, Lazio, Calabria e Sicilia – abbiano una conoscenza di prima mano della vita italocanadese, l'idea che in Italia si ha dell'America resta spesso legata alle immagini del "Cuore" di De Amicis o alla cinematografia di Hollywood. Sia a livello popolare che scientifico, poco o nulla si sa in Italia della storia e della società italo- canadese.

Per raccontare il secondo pilastro, prendo in prestito un po' di parole scritte a fine Ottocento dall'insigne economista Achille Loria, parole, peraltro, tuttora attualissime:

Noi italiani dobbiamo intensamente rallegrarci che l'imperialismo, il morbus anglius per eccellenza, che tuttavia s'è sparso per tutta la terra e ha fatto strazio di tutte le nazioni, nel nostro Paese non abbia mai potuto attecchire, forse per il vivacissimo e incomprimibile spirito di libertà che caratterizza la nostra vita sociale. E l'appassionato augurio che noi facciamo all'Italia è che essa seguiti in questa fecunda sua via e si conservi estranea alle follie coloniali e all'avventure imperialistiche che travolgono tutti gli altri Stati, per convergere tutte le sue energie all'imperialismo intellettuale, il solo che uno Stato civile debba cercare.

Ecco, la quotidianità di Alberto si sviluppa lungo questo binario da lui stesso impiantato quale norma di vita per sé e per il Centro Scuola: far crescere a beneficio della comunità canadese l'influenza del patrimonio culturale italiano, far sviluppare in Italia la capacità di comprensione dell'autentica realtà italo-canadese. Si tratta di un impegno tutt'altro che agevole, delle cui modalità e dei cui risultati molto e documentatamente Alberto racconta in questo suo appassionante libro.

Del resto, è la sua stessa storia familiare che di Alberto testimonia l'inflessibile dedizione al servizio del biunivoco nesso culturale tra Italia e Canada. Mentre frequentava il primo anno d'università a Toronto, Alberto fece la conoscenza di Caroline Morgan. Tra loro si stabilí subito una gran simpatia. Caroline aiutava Alberto a raffinare l'inglese e Alberto aiutava Caroline a familiarizzarsi con l'italiano. Dopo l'università, si persero di vista. In realtà, avevano programmato di rivedersi in Italia nel corso del viaggio che, ciascuno per conto proprio, avrebbero fatto quale vacanza post-laurea. Però, dimenticarono di darsi un appuntamento. Invece, grazie a una rocambolesca serie di fortuite coincidenze, riuscirono a rintracciarsi e a incontrarsi a Firenze. Lei era di Filadelfia e era andata a studiare a Toronto su consiglio dello zio, mons. Joseph Ryan, che era un prestigioso studioso del Medioevo e a Toronto teneva corsi sul diritto canonico e la storia medioevale. Una volta laureata, Caroline andò a Boston per il master, ma infine scelse di stabilirsi a Toronto. L'influenza dello zio era stata determinante per farle scoprire l'universo culturale italiano, del quale è diventata una profonda conoscitrice: quando sposò Alberto, nel 1972 con lui sposò la cultura italiana. Convinta assertrice della necessità e anzi dell'utilità del multilinguismo, non ha mai esitato di fronte alla scelta di nomi italiani per i loro figli: Carlo Alberto (nato nel Novembre 1973), Franca (Settembre 1977) e Annamaria (Agosto 1982).

Preme qui evidenziare un dato di fatto basilare: per secoli, il Canada si è uniformato a quell'orientamento, non esclusivamente canadese, noto come "anglo-conformismo", la cui ideologia presuppone che tutti gli immigrati debbano rinunciare alla propria lingua e alla propria cultura, per abbandonarsi a una piena integrazione nella lingua e, ovviamente, nella cultura anglosassone. A un certo punto, però, la forza delle cose determinò quel mutamento epocale che è stato l'avvento del concetto di "società multiculturale". In termini quantitativi, si trattava di prendere atto della sostanziale trasformazione intervenuta nei rapporti tra etnie all'interno della società canadese: gli anglosassoni non erano piú predominanti. Infatti, oggi, i 32 milioni di cittadini del Canada sono solo per 1/3 d'origine britannica, per 1/3 sono d'ascendenza francese e per 1/3 provengono da tante altre culture, tra le quali quella italiana è la maggioritaria.

Il mutamento strutturale, condotto a esito legislativo da Pierre Trudeau, venne avviato nel 1970 con il rapporto della commissione governativa che, ribadendo il "principio di eguaglianza tra i due popoli fondatori", cioè tra gli inglesi e i francesi, introduceva il riconoscimento del "contributo apportato da altri gruppi etnici all'arricchimento culturale del Canada."

Per un Paese del quale inglesi e francesi si considerano fondatori e padroni e dove i francofoni non si sono mai rassegnati all'aver dovuto soccombere agli anglofoni, mentre questi non hanno mai perdonato a quelli la testarda fedeltà alla propria ascendenza storica, l'ammissione – giuridicamente sanzionata – non solo dell'esistenza ma addirittura dell'importanza di altre culture fu un evento rivoluzionario. Tuttavia, tra l'affermazione del principio e il suo inveramento nella refrattaria realtà consolidata intercorsero anni di ostacoli, resistenze, incomprensioni e boicottaggi. Perciò, si può facilmente intuire quanto sia stato difficile e grandioso il lavoro di Alberto e di tutti i suoi partners e collaboratori del Centro Scuola, visto che, a un certo punto, essi, contribuendo a scardinare plurisecolari incrostazioni di "anglo-conformismo", sono stati i protagonisti di quel risultato, quasi incredibile, grazie al quale l'italiano, in pochi anni, è diventato «*la lingua d'origine piú insegnata in Ontario e in tutto il Canada*», secondo l'autorevole affermazione di Arturo Tosi, Coordinatore a Londra del Bilingualism and Language Testing Project (cfr. *L'Italiano d'Oltremare*, Giunti, Firenze 1991, pag. 101).

Quella dell'introduzione dei corsi d'italiano nelle scuole canadesi è stata una vera e propria epopea: Alberto la racconta con passione e accuratezza nel suo libro, inquadrandola in un contesto storico e analitico che provvidamente aiuta a comprendere tutta l'importanza culturale e sociale di quella epopea. Nel dar conto delle molte altre concomitanti imprese di cui è stato protagonista, Alberto offre, in parallelo, una preziosa chiave per afferrare fino in fondo lo spessore di quella epopea, delineando due storie illuminanti: quella della formazione della nazione canadese e quella della trasformazione degli immigrati italiani da "italiani che vivono in Canada" in Italian Canadians, cioè "canadesi di ascendenza italiana".

Quella prima volta in Ossington Avenue fu per me rivelatrice di molti aspetti della competenza professionale e dello stile di serietà ragionativa e fermezza di propositi con cui Alberto ha potuto concepire e condurre al successo la sua missione culturale e sociale. In particolare, mi capitò di accennare a una faccenda che immaginavo gli fosse sconosciuta. Gli dissi che, mentre lui si dava da fare per impiantare l'italiano nelle scuole canadesi, in Italia, un paio d'anni prima, alcuni sociologi s'erano messi a propagandare la strampalata idea di soppiantare, o, al piú, d'affiancare, l'italiano con l'inglese. Mentre gli raccontavo che l'argomento aveva trovato per un bel po' larghissimo spazio sulla stampa e non pochi sostenitori, tutti affannati a ripetere che, essendo ormai l'inglese la lingua dominante nel pianeta, i giovani italiani non padroni dell'inglese sarebbero rimasti tutti disoccupati, Alberto s'era messo a rovistare nei suoi schedari. Tornato a sedersi, m'aveva messo davanti un ritaglio di uno dei maggiori quotidiani canadesi, il Toronto Star del 9 Settembre 1978. Quella balzana proposta era rimbalzata fin lí, ma aveva puntualmente trovato Alberto pronto a darle il fatto suo con il pepato e ben argomentato commento rilasciato al giornale:

> *There's no question of the importance of English in today's world. But it just can't replace Italian. That's nonsense. Italian students have every opportunity of learning English once they get to high school level. When parents request it, English is also taught at the elementary level. English is not a compulsory subject. But they have a choice, and English is one.*

Sono trascorsi parecchi anni. Alberto e io siamo diventati amici e abbiamo lavorato insieme intorno a tante cose belle e forse importanti. Lui non è mai cambiato, rispetto a quel che di lui avevo capito fin dal primo contatto: sempre attento ai fatti che muovono le piccole come le grandi cose e sempre impegnato nel ricercarne le cause, con l'obiettivo di impegnare sempre pensiero e azione per aggiungere ogni possibile mattoncino all'edificazione di un mondo meglio vivibile.

A proposito di mattoncini: nel corso degli anni, il Columbus Centre è diventato uno dei luoghi piú affascinanti tra quelli creati nel mondo dall'iniziativa degli immigrati italiani e a un certo punto ha apprestato nei suoi spazi una piú degna sede per il Centro Scuola. Una sera, uscendo di lí, badai per la prima volta a una curiosa coincidenza: anche le vaste e invitanti facciate del Columbus Centre sono fatte di mattoncini rossi, ma, a differenza dello scialbo stile anglosassone dei mattoncini "dipinti" di rosso della vecchia stazione di polizia in Ossington Avenue, i mattoncini del Columbus non necessitano di periodiche riverniciature, perché si tratta di quei raffinati mattoncini italiani "faccia-a-vista" che sono intrinsecamente e indelebilmente rossi. Un bel cambio di sostanza: dal doversi contentare di Apparire al poter Essere.

Un cambio di sostanza come quello degli Italian Canadians, che ormai hanno imparato a dire "backyard" meglio degli anglosassoni e ovunque conversano orgogliosamente in italiano. Un cambio di sostanza come quello degli anglosassoni, che ormai respirano a pieni polmoni il contributo apportato dagl'italiani "all'arricchimento culturale del Canada". La locomotiva Alberto, come quella del Royal Hudson, ha fatto un buon lavoro, ha trainato vittoriosamente un bel po' di coraggiosi viaggiatori attraverso bufere e tormente, non v'è dubbio!

1

Le due Patrie

L'emigrazione italiana tra Ottocento e Novecento costituisce un grandioso e drammatico fenomeno di cui è stata protagonista una moltitudine, stimata nell'ordine di venticinque milioni di persone, che ha avuto come meta quasi tutti i Paesi dell'Europa nord-occidentale e del resto del mondo e specialmente il Nord e il Sud dell'America e l'Australia.

Non sono molti, in Italia come altrove, coloro che dispongono di una reale conoscenza di quel fenomeno. Nell'immaginario di chi ha vaghe nozioni, sussistono due fondamentali icone, quasi sempre incorniciate da una mitologia fin troppo suggestiva: c'è la Statua della Libertà, che saluta e forse benedice l'arrivo a New York dei bastimenti carichi di aspiranti immigranti, e poi c'è Ellis Island, il centro di selezione e smistamento verso le destinazioni sulla Terra Promessa, che non di rado era pure l'anticamera del respingimento per i non graditi.

Quanto al Canada, gli approdi dei migranti hanno avuto aspetti meno romantici e per di piú non meno problematici, non meno dolorosi, non meno umilianti. Si arrivava in nave a Halifax e da lí si proseguiva verso Montréal o Toronto, in treno, su vagoni e con trattamenti da carri-bestiame.

Io fui in qualche modo un privilegiato: arrivai a Toronto in aereo, dopo aver fatto scalo a Montréal. Era una sera dell'inizio d'Aprile del 1963. Avevo 17 anni e venivo da Roccamorice, un antichissimo piccolo borgo abbarbicato sulle montagne costiere dell'Abruzzo. Tutto quel che sapevo dell'ignoto Paese in cui approdavo era che i miei genitori e alcuni dei miei fratelli stavano lí e che il Canada era un territorio sconfinato, del quale si diceva che fosse la "terra delle opportunità".

Il mio non fu un impatto traumatico con la nuova realtà in cui ero approdato. Non ero arrivato senza punti di riferimento, come la maggior parte di quelli che mi avevano preceduto, e non provavo eccessivamente la sensazione di spaesamento, tipica degli immigrati. Ero pervaso dalla sensazione di avere di fronte un avvenire entusiasmante e avevo l'appoggio della famiglia, già da anni insediata a Toronto: per me la nostalgia della madrepatria non fu un problema. In realtà, non ho mai avuto tempo per lasciarmi prendere dalla nostalgia, se non per poco, giusto all'inizio. Del resto, già dopo il quinto anno di permanenza in Canada ebbero inizio i frequenti viaggi in Italia grazie ai quali s'è mantenuto ben vivo quel mio strettissimo legame con la madrepatria che ha caratterizzato l'intero corso della mia vita.

Il primo impulso fu ovviamente quello della socializzazione. La comunità italiana, sebbene alquanto disorganizzata rispetto a gran parte delle altre componenti etniche, aveva saputo dotarsi di diverse strutture abbastanza valide, tra le quali emergevano circoli e altri tipi di ritrovi dove si parlavano l'italiano e una vasta gamma di dialetti regionali.

Quel che mi apparve piuttosto strano fu il primo impatto con la Chiesa Cattolica. Io venivo da un'esperienza assai diversa: in Italia c'era una larga insofferenza per usanze e mentalità considerate d'altri tempi, si leggevano gli effervescenti libri provenienti dagli ambienti cattolici di Francia, si ragionava sul fenomeno dei preti-operai, si sviluppava un'animata ricerca di innovazioni, emergeva una poderosa spinta verso riforme incisive, tanto che di quel fervore apparvero conseguenze naturali, anche se comunque rivoluzionarie, la promulgazione dell'enciclica Mater et Magistra e l'indizione del Concilio Vaticano II. In Canada, invece, niente del genere: tutto era quieto e rigorosamente tradizionalista.

Mi iscrissi a un'associazione, la Young Christian Workers, la cui omologa entità sviluppava in Europa una fervorosa e utilissima azione in campo sociale e nell'ambito culturale. Ma, fu una delusione: a Toronto, l'unica sostanziale attività non nutriva ambizioni sociali e culturali di sorta, ma s'accontentava di favorire l'incontro tra ragazzi e ragazze, non necessariamente di nazionalità italiana però rigorosamente di fede cattolica.

Mi allontanai dai Young Christian Workers e presi a frequentare l'Italo-Canadian Recreation Club di Brandon Avenue, sede storica e gloriosa degli italiani, presieduto da Giovanni De Toro, personaggio popolarissimo e molto ben voluto. De Toro era anche lui abruzzese, di Fossacesia, parlava un italiano approssimativo e però un inglese assai buono, era una persona decisamente onesta e la sua reputazione era notevole, sia tra gli anglo-sassoni, per via dell'aver salvato a suo tempo la vita di un poliziotto rischiando la propria, sia tra gli italiani, per via del costume di ineccepibile comportamento verso i suoi dipendenti. Fu lui a presiedere il comitato per la raccolta di fondi da inviare in soccorso di Firenze dopo l'alluvione del 1966. Era insomma una radiosa eccezione nell'ambito della sua appartenenza sociale, quella dei "Notabili", personaggi di potere, generalmente rozzi e arroganti, che per decenni fecero il bello e il cattivo tempo tra gli immigrati italiani.

L'ambiente dell'Italo-Canadian Recreation Club era di orientamento laico e fondamentalmente di carattere ricreativo: ci si incontrava per fare due chiacchiere, passare qualche mezz'ora giocando a briscola e scopone, trascorrere le serate e i pomeriggi non lavorativi sulla pista da ballo. Però, lí s'aveva a cuore anche qualche impegno culturale. Fu proprio lí che Bruno Mesaglio, un geniale toscano, formò e diresse brillantemente il Piccolo Teatro, una formazione amatoriale che, secondo un'impostazione popolare tradizionale, tuttavia dedita al buon gusto, seppe meritoriamente coltivare in seno alla comunità italiana l'amore per il teatro.

Una sezione del Recreation Club era l'Italo-Canadian Youth Club, che per i giovani costituiva un importante punto d'incontro e un efficace trampolino per il loro attivo inserimento nella comunità. Ne era Presidente Angelo Delfino, dal cui abile e dinamico entusiasmo derivava la forte attrattiva esercitata su una rilevantissima quantità di giovani. La sezione giovanile finí con l'estinguersi, ma lasciò un'eredità preziosa, avendo contribuito a formare una generazione ricca di futuri imprenditori, dirigenti e altri importanti protagonisti della vita comunitaria.

Accanto all'Italo-Canadian Recreation Club era nata un'altra organizzazione che ha avuto notevole influenza nella penetrazione dell'italianità tra le componenti del costume canadese: l'Associazione di Calcio Toronto Italia, inizialmente nata con il nome di Italia Virtus, presieduta da Peter Bosa, successivamente nominato senatore da Trudeau.

Ancora oggi, dopo piú di mezzo secolo, c'è chi ricorda con nostalgia i tempi pioneristici del calcio canadese al Fred Hamilton Park e allo Stanley Park. Anni di grande entusiasmo tra i tifosi italiani: quelle partite costituivano un momento importante per scaricare i nascosti sentimenti di nazionalismo, in quanto i nomi delle squadre che gareggiavano erano per lo piú basati sulle varie nazioni di provenienza. Nel 1962 divenne presidente della Toronto Italia Gino Ventresca, un abruzzese di Sulmona, popolarissimo e stimato personaggio sempre vicino alla sua comunità, che si distinguerà piú tardi per la creazione di Casa Abruzzo. Con Ventresca, il calcio canadese basato sulla competizione tra le varie componenti etniche raggiunse l'apice. Le partite venivano disputate al Varsity Stadium, che riusciva a ospitare oltre ventimila spettatori. La decisione di creare una nuova Lega Nord Americana, che non si identificasse piú con le varie componenti etniche del Canada, costituí un notevole passo indietro, ma, almeno per il momento, lasciamo agli esperti del calcio l'ardua sentenza sulla opportunità o meno di quella decisione.

Dopo l'Italo-Canadian Youth Club, essendo ormai approdato all'università, mi iscrissi all'Italian Club dell'Università di Toronto, allora attivissimo in campo sociale e culturale. Ne venni poi eletto Presidente proprio nella fase in cui lo slancio rinnovatore del Sessantotto cominciava a prender piede anche tra gli italiani. Tra l'altro, in seno all'Italian Club si formò la Compagnia dei Giovani, che alla presenza italiana nella vita teatrale torontina avrebbe dato un apporto di notevole spessore. In quella fase vi fu pure la spinta decisiva per la radicale trasformazione della Società Dante Alighieri da polverosa torre d'avorio per pochi accademici, qual era stata fino ad allora, in una moderna fucina di vitalità culturale che tuttora opera brillantemente nell'agone intellettuale di Toronto. Nella rigogliosa squadra che animò la Società Dante Alighieri è da ricordare la preziosa opera del friulano Elio Costa, professore di Letteratura Italiana, e di Odoardo Di Santo, abruzzese di Rocca Pia, che io stesso avevo introdotto nell'ambiente. Di Santo era arrivato dall'Italia già con i galloni di collaboratore del quotidiano romano La Giustizia e presto avrebbe preso il volo verso la sua effervescente carriera giornalistica e verso l'importante ruolo di dirigente e parlamentare in seno al New Democratic Party in cui aveva accolto il mio invito a inserirsi.

Nel successo delle attività della rinnovata Società Dante Alighieri ebbe parte determinante una persona a me assai cara: Fabio Rizi, abruzzese di Corfinio, che ricordo come un gentiluomo di larghe vedute, serio e operoso, mai coinvolto nelle scaramucce polemiche che purtroppo hanno a lungo afflitto i sodalizi degli italo-canadesi. Rizi era l'animatore della biblioteca pubblica di Saint Clair-Dufferin, luogo che egli mise a disposizione, facendolo diventare il fulcro delle attività culturali della Dante. In quegli anni non era ancora stato creato l'Istituto Italiano di Cultura né c'era il Columbus Centre. Ci si incontrava nella biblioteca di Rizi e lí si svolgevano affollatissime iniziative d'ogni genere. Fu lí che ospitammo, tra i tanti visitatori illustri provenienti dall'Italia, anche Giorgio Bassani e Umberto Eco.

Sono fin qui andato un po' avanti, rispetto all'evocazione dei miei primi momenti canadesi, sui quali adesso mi pare opportuno tornare a soffermarmi ancora per un po'. L'approccio con il Paese che sarebbe diventato la mia seconda patria non fu quello, spesso doloroso, sperimentato da altri: a differenza di *tanti* migranti, che all'inizio sperano di cavarsela con pochi anni di fatica all'estero e sognano di tornare, presto e arricchiti, nella terra natia, io non avevo fretta e, forse, nemmeno desiderio di rimpatriare. Io ero assetato di conoscenza e gli orizzonti che il Canada dischiudeva alla mia immaginazione nemmeno avrei potuto sognarmeli tra le bellissime ma poverissime montagne dell'Abruzzo di allora. Io, fin dall'inizio, ero consapevole che avrei avuto due patrie: quella delle mie radici e quella della mia crescita, l'una come l'altra inscindibilmente mescolate dentro il mio cuore e dentro la mia mente.

Quello del mio arrivo a Toronto era un periodo di transizione nell'evoluzione della nazione canadese. Arrivavo in un Paese anglofono, molto chiuso, con qualche residuo di bigottismo. A noi italiani ci chiamavano "wop", un termine evidentemente spregiativo che immagino volesse significare "gli sconfitti", equivalendo esso all'oxfordiano "to whop", cioè "sconfiggere". Il Primo Ministro Lester Pearson stava guidando la fuoriuscita da quella fase retrograda.

Per me, le prime due necessità erano lavorare e imparare l'inglese. Senza di che non avrei potuto proseguire gli studi all'università, che era l'obiettivo strategico. Il primo impiego fu da Mario's Spaghetti House, come lavapiatti. Feci carriera, sopra tutto perché andavo imparando velocemente l'inglese, e venni promosso cameriere. Mario's Spaghetti House fu la mia Statua della Libertà: lí, Toronto salutò e forse benedisse il mio arrivo, perché la Spaghetti House significava lavoro e prospettive sorridenti.

Dismessa la giacca da cameriere, passai a tutt'altro genere di divise, trovando lavoro in una fabbrica di divise per l'esercito, dove ero pulitore delle macchine per cucire e anche aiuto meccanico.

Nelle fabbriche e nelle costruzioni c'erano molti problemi, sia per le difficoltà della lingua sia per la durezza dei rapporti gerarchici, ma c'era anche una forte solidarietà tra gli immigrati, qualunque fosse il Paese di provenienza. Poi, per me venne la volta dell'impiego in una banca e lí era ben visibile e oppressivo l'atteggiamento insofferente e spesso altezzoso dei "wasp", i "White Anglo-Saxon Protestant", che consideravano se stessi come il fior fiore della razza umana.

A quel punto, mentre lavoravo in banca, nacque prepotentemente l'esigenza di frequentare l'università, che avrebbe significato non solo l'accesso a una formazione intellettuale d'eccellenza ma anche l'acquisizione di una padronanza della lingua e di una disinvoltura comportamentale tali da rimuovere ogni sensazione di inferiorità. Per me, la familiarità con l'inglese era ormai tale da consentire la sospirata iscrizione all'università.

Lasciai la banca e da molti mi sentii dire: sei matto? hai un impiego importante e lo lasci? quando mai potresti trovare di meglio?

Nel collegio cattolico St. Michael dell'Università di Toronto trovai il mio mondo, nonostante l'iniziale difficoltà causata dal mio inglese, ancora piuttosto povero e convenzionale, e trovai una profonda differenza di atteggiamenti rispetto all'ambiente esterno. Si stabilivano rapporti amichevoli anche con gli accademici, c'era un clima serio e operoso, che non lasciava spazio agli scansafatiche (studenti o insegnanti che fossero) e non s'impegolava nelle complicazioni burocratiche. Tra i docenti che, per la loro preparazione e serietà, hanno avuto una spiccata influenza sulla mia formazione non posso non ricordare il paleografo Leonard Boyle, del Pontifical Institute of Medieval Studies, poi Prefetto della Biblioteca Vaticana, e l'ordinario di Letteratura Inglese Robert Madden, appartenente all'Ordine di San Basilio, il quale mi dedicava grande attenzione perché, a suo dire, aveva notato in me rilevanti potenzialità.

L'Ordine di San Basilio, presente diffusamente in Nord America, godeva di grande prestigio negli ambietni educativi. Erano gli anni della contestazione studentesca e l'Ordine rispose attivando un intenso rapporto di dialogo tra docenti e discenti da cui si sviluppò quella situazione che è stata ben definita "community of scholars". Purtroppo, l'Ordine s'avviò verso l'estinzione negli anni Ottanta. Oggi, non posso se non rimpiangere quel genere di formazione, mirante alla crescita dello studente nella sua totalità e non dominato dalla gretta osservanza delle convenienze economiche. Per meglio intenderci, basti considerare che allora il Dottorato Onorario veniva concesso a personalità benemerite nei campi dello sviluppo della persona e della ricerca oppure a individualità di caratura internazionale, non a chi avesse semplicemente elargito donazioni finanziarie.

Per sostenere le spese degli studi, durante i mesi estivi mi diedi da fare collaborando nella sede di un partito politico e inoltre come sindacalista, come reporter e infine acquisendo una consulenza presso il Costi.

A seguito di una tornata elettorale molto partecipata, venni eletto a far parte del Consiglio degli Studenti dell'Università di Toronto, con una imprevedibile messe di voti e nonostante le prevedibili riserve che avrebbe dovuto suscitare il mio inglese allora caratterizzato fortemente dall'accento italiano. In seno al Consiglio feci conoscenza e amicizia con Bob Rae, che conquistò il riconoscimento di Rodhes Scholar, la piú importante e prestigiosa borsa di studio del mondo anglo-sassone. Rae sarebbe diventato Premier dell'Ontario e successivamente leader federale dell'opposizione nelle file del Liberal Party. Quando diventò Premier apparteneva al New Democratic Party e fu l'unico che abbia vinto le elezioni in Ontario sotto le insegne di quel partito. La sua fu un'esperienza di governo d'alto profilo, sebbene per molti aspetti sfortunata, avendo coinciso con una fase di recessione economica radicata in situazioni non da lui determinate.

Rae è stato uno dei piú preparati uomini politici canadesi: a livello culturale c'era un abisso tra lui e tutti gli altri. Giulio Andreotti, uno che la sa lunga su tutto e su tutti, lo definí il migliore dopo Trudeau, dicendomelo dopo un incontro ufficiale con Rae. A quell'incontro Rae aveva voluto me come interprete, come avrebbe fatto in diverse altre occasioni, ma quella volta il mio lavoro fu ben poca cosa, perché i due s'erano resi conto d'intendersi perfettamente conversando in francese. L'amicizia con Rae è stata una costante nella mia vita e lui ha sempre tenuto in gran conto il nostro rapporto, tanto che, in occasione di una visita in Italia, volle che io lo accompagnassi nella mia Roccamorice e all'Aquila.

Mentre frequentavo l'università e subito dopo la laurea, mi impegnai su diversi fronti. Nell'Aprile del 1970 venni eletto a far parte del primo Consiglio Direttivo della neonata Faci (Federazione delle Associazioni Italiane del Canada), a fine 1972 diventai collaboratore di direzione dello Humber York Centre, un organismo appena creato dallo Humber College per contribuire a identificare i bisogni dei cittadini della zona e suggerire le conseguenziali soluzioni, nell'Aprile del 1974 fui chiamato alla Vice Presidenza della Società Dante Alighieri di Toronto, di cui poi diventai Presidente. Fui alla guida dell'Associazione Multiculturale per il Teatro e di varie iniziative sorte nell'ambito della comunità italiana. Fui tra i fondatori del Congresso Nazionale Italo-Canadese, entrando nel Consiglio Nazionale a Marzo del 1974 e diventandone Segretario Nazionale nel Novembre del 1982. Ovunque, ero sempre molto attivo e dinamico e mi accorgevo di essere sempre il piú giovane.

Negli anni dell'università, le difficoltà e la precarietà avevano preso a sfumare verso un assetto piú sereno e gratificante. Dopo la laurea in Lingua e Letteratura Italiana, per alcuni anni mi diedi all'insegnamento al St. Michael's College e all'Humber College of Applied Arts and Technology, finché, nel 1976, presi l'iniziativa di fondare il Centro Scuola e Cultura Italiana, da allora passando a occuparmi, anima e corpo, di quella nuova realtà.

Probabilmente, l'idea del Centro Scuola non avrei potuto concepirla, e tanto meno portarla a concretezza, senza il concorso di due fondamentali circostanze, l'una dovuta alla rivoluzione culturale che negli anni Settanta modificò radicalmente la politica canadese e l'altra scaturita dalla frequentazione del mondo accademico.

In quegli anni brillava la stella di Pierre Trudeau, Primo Ministro dal 1968 al 1979 e ancora dal 1980 all'84. Il Canada fu percorso da un'euforia modernizzatrice che, proprio per essere stata innescata e alimentata dalle coraggiose e lungimiranti iniziative del suo giovane e affascinante Primo Ministro, s'è guadagnato l'ormai leggendario appellativo di "Trudeaumania". La politica del multiculturalismo guidata da Trudeau fu il cuore pulsante del Canada che finalmente spiccava il volo verso un ruolo d'eccellenza internazionale. Per gli italo-canadesi quello apparve come un momento magico, grazie al quale sarebbe stato possibile conquistare posizioni politiche e sociali fino ad allora impensabili. Magnifico! Anche perché le condizioni economiche miglioravano a vista d'occhio. Tuttavia, a mio modo di vedere, quel momento magico conteneva anche il germe di un rischio terribile, se gli italo-canadesi avessero seguitato a lasciarsi omologare nel calderone anglosassone, come per decenni erano stati pressoché obbligati a fare. L'opportunità del multiculturalismo andava sfruttata con avvedutezza, in primo luogo per disinnescare quel rischio e dunque per creare strumenti idonei a salvaguardare e valorizzare l'eredità della lingua e della identità italiana nel contesto della piena appartenenza alla nuova patria canadese.

Concepitane necessità e finalità, quegli strumenti occorreva crearli. Qui entrava in ballo l'altra circostanza fondamentale, sviluppatasi nell'ambito universitario. Per la mia formazione intellettuale erano stati determinanti gli studi con Robert F. Harney, mio professore di storia. Harney s'era specializzato all'Università della California, a Berkeley, con una tesi sul Risorgimento e poi aveva accettato una cattedra all'Università di Toronto. I suoi interessi poliedrici dedicavano straordinaria attenzione allo studio di un fenomeno allora praticamente ignoto nel mondo accademico: quello dell'immigrazione. Tra Harney e me nacque un solido rapporto, prima di stima reciproca e poi anche di collaborazione.

Fu dunque negli anni universitari che cominciai a concepire un progetto che, nel contesto della nuova politica multiculturale del Canada, mirava alla valorizzazione del patrimonio culturale originario degli immigrati, per fomentare l'orgoglio delle madrilingue e per indurrre le istituzioni a inserire quelle lingue nei percorsi formativi curriculari. Quella elaborazione divenne il nucleo concettuale dello Heritage Languages Program e, parallelamente, del Centro Scuola. Nella messa a punto dell'impostazione di quel progetto ottenni l'apporto di due fondamentali interlocutori: don Nicola De Angelis, un sacerdote di straordinaria levatura intellettuale, in anni successivi elevato alla dignità vscovile, e il professor Giulio Molinaro, membro della Royal Society of Canada, che è l'equivalente dell'italiana Accademia dei Lincei, fondatore nell'immediato dopoguerra del Circolo degli Studenti Universitari, rifondatore nel 1956 della Società Dante Alighieri, che era stata disciolta nella fase in cui era diventata uno strumento della propaganda fascista, e poi primo Presidente dell'Associazione di Studi di Italianistica.

Altra personalità di spicco che mi fu di grande sostegno è Gianrenzo Clivio, un giovane professore di italianistica dell'Università di Toronto, noto studioso di linguistica, proveniente dall'Università di Torino e poi dalla prestigiosa Università di Harvard. Nonostante fosse arrivato in Nord America soltanto da alcuni anni, capí subito l'importanza fondamentale per la comunità Italiana del dover agire in maniera autonoma rispetto alle autorità diplomatiche.

La visione-guida del Centro Scuola, cioè quella di "agire in loco", riuscí a prevalere grazie al contributo di altri leaders comunitari, quali Celestino De Iulis, in prima fila nel mondo della cultura, Sam Marafioti, uno degli amministratori del sistema scolastico cattolico di Toronto, e Tony Silipo, consigliere della commissione scolastica di Toronto, della quale – unico italo-canadese a esserlo mai stato – fu anche Presidente, il quale, in anni successivi, sarebbe anche assurto al ruolo di Ministro della Pubblica Istruzione.

Sulla base della condivisa convinzione che la cultura italiana costituisse un patrimonio per l'intera umanità e non solo per i discendenti degli immigrati italiani, ottenni anche il privilegio della collaborazione di un prestigioso paleografo di fama internazionale, Leonard Boyle, un domenicano irlandese, docente presso l'Istituto Pontificio di Studi Medioevali e in seguito Prefetto della Biblioteca Vaticana.

Fu importante anche il sostegno del Congresso Nazionale degli Italo-Canadesi, allora presieduto da Laureano Leone, il quale in seguito sarebbe diventato membro del Parlamento dell'Ontario.

Posso dire d'aver fatto il mio dovere e qualcosa di piú, negli anni che hanno visto noi Italian Canadians acquisire pienamente quello status di cittadinanza e nazionalità che, senza minimamente intaccare l'orgogliosa rivendicazione delle nostre radici italiane, offre consacrazione giuridica alla fierezza d'aver conquistato con il lavoro, l'intelligenza e l'onestà il diritto di sentirci e di venir riconosciuti autentici cittadini del Canada. Ma, il percorso non è stato breve e non è stato agevole. Né esso potrebbe venir compreso in tutta la sua complessità senza riflettere sull'insieme e sui perché di ciò che il Canada è stato nel passato e oggi è diventato. In particolare, sarebbe difficile rendersi conto del prezzo pagato da noi Italian Canadians per le nostre conquiste, in termini di difficoltà, turbamenti, angosce e sacrifici morali e materiali, senza addentrarsi nel contesto in cui ci siamo trovati a vivere e operare: un Paese non ancora pervenuto a definire la propria identità nazionale, lacerato da un'antica e talvolta parossistica conflittualità tra le sue due maggiori componenti linguistico-culturali, dubbioso quanto alle modalità relazionali con la massa di immigrati appartenenti a decine di differenti culture, pervaso da ricorrenti incertezze circa il proprio assetto economico-sociale e circa la propria collocazione nel panorama internazionale.

Di tutto ciò tento di proporre nei successivi capitoli una rappresentazione sufficientemente esauriente, il che, mentre confido possa tornare utile a chi ha scarsa dimestichezza con la realtà dell'immigrazione italiana in Canada, mi auguro possa sciogliere, sia pur in minima parte, l'ingente debito di gratitudine che ho accumulato verso le due Patrie da me parimenti amate e onorate.

2

Il Mosaico Canadese

Questione antica, quella dell'aspirazione a creare una vera e propria nazione canadese, la cui problematica cruciale s'è dipanata nell'arco di due secoli sopra tutto intorno all'antagonismo tra le due principali componenti linguistico-culturali: gli anglofoni e i francofoni. Tutto nasce nel 1763, all'indomani della Guerra dei Sette Anni che, sul suolo nord-americano, aveva visto la Gran Bretagna prevalere sulla Francia.

Jacques Cartier aveva innalzato nel 1534 la bandiera francese sul primo lembo del futuro Canada. Da quel momento, cominciava su quelle terre il declino della signoria degli inuit e delle altre nazioni aborigene, discendenti degli indo-europei arrivati lí 40.000 anni prima attraverso lo Stretto di Bering. S'avviava invece a prendere consistenza la Nouvelle France.

Se i vichinghi non erano riusciti intorno all'anno Mille a preservare i loro insediamenti dalla resistenza degli indigeni e se era rimasto fine a se stesso l'insieme delle esplorazioni di Giovanni e Sebastiano Caboto a cavallo tra fine Quattrocento e inizio Cinquecento, l'occupazione francese, al contrario, diede corpo a un'organizzazione coloniale in costante crescita di estensione territoriale e produzione di ricchezza. La prorompente potenza dell'impero francese stanziato a Nord delle colonie americane della Gran Bretagna, che erano ancora ben lontane dal conquistare l'indipendenza e dal proclamarsi United States of America, veniva avvertita da Londra come una potenziale minaccia per i propri interessi: secondo la prassi dell'epoca, non poteva non scaturirne una spinta verso la guerra. Cosí, dopo quasi un quarto di millennio, la Nouvelle France passava sotto il dominio britannico.

Si susseguirono ondate di immigrazione britannica: quella iniziale, stimolata per avviare un bilanciamento rispetto all'eredità francofona della Nouvelle France; quella seguita al 1781, frutto del dovere di accoglienza verso gli irriducibili lealisti che rifiutavano di restare nelle ex colonie proclamatesi United States of America; infine, il massiccio arrivo dalla madrepatria di inglesi e irlandesi, voluto per rafforzare la capacità di difesa della colonia, in vista di una possibile nuova minaccia d'invasione da parte statunitense dopo il tentativo rintuzzato con la guerra del 1812-14. Un ulteriore afflusso di molte decine di migliaia di anglofoni ebbe luogo a seguito della devastante carestia che aveva colpito l'Irlanda nel 1846.

La presenza francofona, fin dal Cinquecento, s'era concentrata nell'odierno Québec, mentre gli anglofoni presero a colonizzare l'Ontario, possedimento fino ad allora quasi del tutto spopolato. Con il British North America Act, nel 1867, il Parlamento di Londra, decretando l'accorpamento del New Brunswick e della Nova Scotia a quella che era stata la Nouvelle France, creava «*un unico dominio sotto il nome di Canada*». A quel punto, sembrava cosa fatta e stabilita per sempre l'incontrastabile egemonia anglofona nel piú vasto territorio del mondo dopo quello della Federazione Russa.

Ma, nell'arco di due secoli e mezzo, i discendenti degli originari colonizzatori francesi avevano ormai acquisito la mentalità di "nativi" e, oltre tutto, avendo subito la rescissione dei vincoli politici con la Francia per via della conquista britannica, percepivano se stessi sostanzialmente come un popolo soggiogato. D'altra parte, gli anglofoni restavano a tutti gli effetti cittadini britannici e vedevano se stessi come conquistatori, nonché come araldi d'una civiltà superiore. Insomma, la nazione canadese non c'era e, stando le cose come stavano, essa nemmeno disponeva di una concreta ragion d'essere: confinata in una ininfluente marginalità la componente aborigena, la questione di fondo stava nell'irriducibile contrapposizione tra il nazionalismo imperiale degli anglo-canadesi e il nazionalismo Canada-centrico dei franco-canadesi. Nemmeno il perdurante spettro di un'annessione da parte statunitense riusciva a catalizzare una convergenza d'intenti idonea a generare la nazione che tuttavia per molti costituiva una fervente aspirazione.

Assai lentamente, gli eventi maturarono, sopra tutto in ragione del lungo processo evolutivo che ha caratterizzato la storia dell'impero coloniale britannico, dai suoi albori nel sec. XVII fino alla prima metà del Novecento.

Negli ultimi decenni dell'Ottocento si costituirono nei territori coloniali le prime comunità dotate di autogoverno, i "dominions", il cui rilevante contributo all'impegno britannico nella Grande Guerra avrebbe poi innescato il processo della loro emancipazione.

Con il British North America Act del 1867, il Parlamento britannico creava l'entità statuale canadese (sebbene sempre in regime di dominio coloniale) e sopra tutto forniva il nucleo elementare di una futura identità nazionale, cioè il nome, saggiamente scartando ipotesi come Victorialand, Borealia, Cabotia, Tuponia, Norland, Hochelaga e invece scegliendo la parola "Canada", che nella lingua irochese vuol dire "comunità". Il British North America Act conteneva quella che di fatto è la prima carta costituzionale del Canada, la quale stabiliva, tra l'altro, che i governi eletti dal popolo sarebbero state le massime istituzioni del Paese. Tuttavia, quella Costituzione fondava uno Stato a sovranità limitata, non essendo essa scaturita dalla volontà popolare canadese ma essendo frutto di una "concessione" del Parlamento di Londra.

Vent'anni dopo, venne la prima autorevole formulazione di un'immagine dell'identità nazionale capace di emozionare tutti profondamente:

We are Canadians. Below the island of Montreal the water that comes from the north from the Ottawa unites with the waters that come from the western lakes. But uniting they do not mix. There they run parallel, separate, distinguishable, and yet are one stream, flowing within the same banks, the mighty St. Lawrence, and rolling on toward the sea. This is a perfect image of our nation.

Sono parole che Wilfrid Laurier, assai prima di assurgere al ruolo di Primo Ministro del Canada, pronunciò a Toronto nel corso del suo memorabile discorso del 10 Dicembre 1886.

In una diversa occasione, Laurier espresse un'altra efficace immagine del Canada che egli sperava di veder fiorire:

When in England, I visited one of these models of Gothic architecture, which the hand of genius, guided by an unerring faith, had moulded into an harmonious whole. This cathedral was made of granite, oak and marble. It is the image of the nation I wish to see Canada become. For here, I want the granite to remain the granite, the oak to remain the oak, the marble to remain the marble. Out of these elements I would build a nation great among the nations of the world.

In questa sorta di sogno a occhi aperti di Laurier si può leggere un'anticipazione di quel concetto che postula la nazione canadese come "mosaico" di nazionalità, un concetto che verrà poi largamente espresso, argomentato e, in qualche modo praticato, nel corso del Novecento.

Comunque, nonostante la buona volontà di Laurier, il conflitto inter-culturale appariva ben lungi dall'essere superato. La maggior parte degli anglofoni di religione protestante aveva in mente un Canada rigorosamente anglofono e protestante. All'opposto, i francofoni, quasi tutti cattolici, con l'appoggio di una significativa minoranza anglofona, coltivavano il sogno di un Canada bilingue e biculturale. Il conflitto conobbe a lungo toni, e non di rado eccessi, da fierissima crociata.

Tra il 1896 e il 1911, l'azione di Laurier, primo francofono a guidare un governo federale, fu di eccezionale importanza, sia al fine di instaurare un clima di moderazione e costruttività nel confronto interno, sia per quanto riguarda la salvaguardia delle premesse che avrebbero garantito, a una futura entità canadese piú unita e piú forte, il conseguimento dell'indipendenza dal sistema imperiale britannico. Le annose questioni delle "scuole separate", cioè degli istituti d'istruzione riservati ai cattolici, e dell'ufficializzazione del bilinguismo trovarono soddisfacente soluzione in buona parte del Paese, parallelamente all'attuazione di un imponente programma di infrastrutturazione e sviluppo industriale che rimosse molte ragioni del disagio sociale sottostante ai conflitti etnico-culturali. Sul fronte internazionale, Laurier, nonostante il contestatissimo supporto militare concesso alla guerra della Gran Bretagna contro i boeri del Sud Africa, mantenne fermissima la distanza dalla sottomissione al principio basilare dell'imperialismo britannico, tra l'altro cosí esprimendosi a Londra, il 13 Marzo 1903, nell'aula della House of Commons: «*The British Empire is composed of a galaxy of free nations all owing the same allegiance to the same sovereign, but all owing paramount allegiance to their respective peoples*».

Un soprassalto di durissima contrapposizione intestina sopraggiunse nel 1917, in reazione alla coscrizione obbligatoria decretata per rafforzare l'intervento canadese nella Grande Guerra in corso in Europa: tra anglofoni e francofoni imperversarono a lungo reciproche accuse di tradimento della tradizione e dell'interesse nazionale.

A partire dagli anni Venti, Londra comincia a utilizzare informalmente la denominazione di British Commonwealth of Nations per designare il "gruppo di nazioni dotate di autogoverno" nell'ambito dell'impero, con il che s'intendeva evidenziare l'unità di un organismo articolato in comunità autonome, non subordinate l'una all'altra, unite dal comune vincolo di fedeltà alla Corona, tutte concorrenti al perseguimento del condiviso "bene comune". La parola "commonwealth", in ragione del suo significato letterale di "bene comune", nel linguaggio politico inglese che data dall'epoca di Cromwell, equivale al concetto di "res publica" che dal diritto romano ha ricavato la nozione di "repubblica". L'espressione "British Commonwealth of Nations" e il suo significato politico-amministrativo diventavano ufficiali con lo Statuto di Westminster del 1931, cioè con il complesso normativo approvato dal Parlamento del Regno Unito di Gran Bretagna che riconosceva ai dominions, tra l'altro, piena autonomia legislativa.

Il cammino dello Stato canadese verso la piena indipendenza da Londra procedeva, dunque, sebbene lentamente. La nazione canadese, però, restava ancora una nebulosa, le cui potenzialità aggregative permanevano fortemente problematiche, sopra tutto per via dell'irrisolta contrapposizione tra anglofoni e francofoni, il cui superamento poteva scaturire soltanto da una svolta nella qualità culturale del confronto.

Un contributo decisivo per l'avvio di quella svolta venne nel 1938 con l'apparizione di *Canadian Mosaic*, un libro che ebbe vasta risonanza e che finalmente inaugurava un nuovo e costruttivo filone di pensiero. L'autore era John Murray Gibbon, scrittore dai vasti interessi, di multiforme esperienza internazionale e di larghe vedute, una cui peculiare qualità stava nell'essere egli stesso un immigrato. Nato nel 1875 nello Sri Lanka, Paese in quel tempo noto come Ceylon, s'era formato nelle università di Aberdeen, Oxford e Göttingen e a 38 anni era arrivato in Canada.

Un quarto di secolo di immersione nella vita quotidiana canadese e di riflessioni su caratteristiche e problematiche di quella caleidoscopica realtà, indusse Gibbon a elaborare l'inedita teoria di una nazione-mosaico, nella quale ogni gruppo linguistico mantiene la propria distinta identità e tuttavia concorre a fare della nazione un'unica entità. Esposta cosí scheletricamente, le teoria di Gibbon può sembrare una banalità, se non addirittura, con il senno di oggi, un'ovvietà. Ma, negli anni Trenta, essa apparve rivoluzionaria. Nessuno aveva concepito prima d'allora l'idea che una nazione potesse essere il frutto di numerose diversità cooperanti con pari dignità e senza una componente egemone. Idea tanto piú rivoluzionaria se si considera che allora la teoria dominante era quella mutuata dal potentissimo governo dei contigui United

States of America: il Melting Pot, cioè il crogiolo nel quale tutti gli immigrati dovevano trovare omologazione rispetto all'egemone componente anglo-sassone.

Rimpiazzare il "crogiolo" con il "mosaico" cominciò a diventare il filo conduttore per l'elaborazione di una diversa concezione dell'immigrazione e per l'affermazione di una innovativa politica nazionale. Tuttavia, i nuovi fermenti intellettuali e la complessiva rivisitazione degli stereotipi politici non sarebbero stati sufficienti a generare nella concretezza il vecchio sogno di una specifica identità nazionale canadese, se parallelamente non fossero intervenuti mutamenti non meno incisivi nel contesto internazionale.

Dopo la Seconda Guerra Mondiale, la Gran Bretagna deve progressivamente rinunciare alla concezione imperialista delle sue relazioni con le colonie: prima scompare l'aggettivo British, aggiornando la denominazione di quella sorta di federazione tra dominions in Commonwealth of Nations, poi la parola dominion viene sostituita dall'espressione "Member of the Commonwealth". Ovviamente, non si tratta solo di evoluzioni terminologiche, ma di mutamenti sostanziali: i rapporti tra Londra e le antiche colonie ormai si configuravano sempre piú in termini essenzialmente economici e culturali e sempre meno come sudditanza politica.

Tuttavia, c'è ancora parecchia strada da percorrere, prima che il Canada multiculturale teorizzato da Gibbon diventi un procedimento politico e possa quindi avviare il Canada a farsi finalmente "Nazione", oltre che "Stato".

Le premesse della vera e propria politica del multiculturalismo prendono timidamente ad affacciarsi tra le pieghe della legislazione con la Dichiarazione Canadese dei Diritti dell'Uomo, adottata dal governo federale nel 1960, la quale, però, sarebbe rimasta per piú di vent'anni un bel monito morale contro le discriminazioni, privo di significativi effetti nella giurisdizione.

Gibbon era morto nel 1952, ma l'eco del suo Canadian Mosaic, sebbene fosse tutt'altro che spenta, necessitava di un qualche incisivo rilancio. E il rilancio venne nel 1963, anche questa volta per effetto di un libro, non canadese, però. A irrobustire il retroterra scientifico della politica del multiculturalismo, che non ancora aveva spiccato il volo, venne *Beyond the Melting Pot*, un libro che proponeva un accurato studio del ruolo delle componenti etniche nella vita politica, economica e culturale di New York. Gli autori, Glazer e Moynihan, che in anni successivi sarebbero diventati l'uno illustre professore della Harvard University e l'altro autorevole membro del Senato, avevano elaborato lo studio mediante l'analisi delle cinque maggiori componenti etniche di New York: afro-americani, portoricani, ebrei, italiani e irlandesi.

In un commento di quasi vent'anni dopo (Current Contents, January 7, 1980), Glazer ricorda che lo studio dei cinque gruppi venne basato sulla storia e il ruolo economico di ciascuno di essi e che «*what emerged from these orientations as somewhat original was the idea that the ethnic group was not only a survival from the age of mass immigration, but something of a new creation, and thus we could expect not rapid assimilation but an extended persistence, even as each group underwent change*».

Al giorno d'oggi, *Beyond the Melting Pot* è un classico, ma alla sua apparizione negli States suscitò sorpresa e sconcerto, sia negli ambienti accademici, ancora ben lontani dall'approcciare le problematiche dell'immigrazione, sia presso la generalità dell'opinione pubblica. L'accoglienza canadese fu piú attenta, ovviamente, già sensibilizzata com'era dalle argomentazioni di Gibbon e dalla loro successiva elaborazione.

In un'intervista rilasciata a Jane Perlez e pubblicata il 3 Dicembre 1983 dal New York Times, Moynihan rileva come le affermazioni del libro abbiano ricevuto successivamente clamorose riprove d'aver colto nel segno. Per esempio, a proposito dei risultati del censimento del 1980 nel Tennessee, «*People there still think of themselves as Englis, Irish or Scottish, and they've been in those hills for centuries*». A livello nazionale, quel medesimo censimento, che per la prima volta chiedeva di indicare le origini ancestrali, evidenziò che l'83% degli intervistati declinava l'appartenenza a almeno un gruppo etnico mentre solo il 6% si definiva "American" tout court. Impressionante è il parallelismo con le risultanze del censimento nazionale canadese del 2006, attestate rispettivamente all'80% e al 5%.

In quello stesso anno 1963 che aveva visto l'uscita di *Beyond the Melting Pot*, assumeva il ruolo di Primo Ministro Lester Pearson, che avrebbe guidato il Canada fino al 1968, quando a succedergli sarebbe arrivato Pierre Trudeau. Il ventennio 1963-84, segnato dai governi Pearson e Trudeau, è finalmente il punto d'arrivo del lungo e accidentato cammino del Canada verso la conquista dell'identità nazionale e dell'indipendenza.

Pearson arrivava alla guida del governo con alle spalle un curriculum straordinario: professore di storia e allenatore della quadra di hockey su ghiaccio all'Università di Toronto e poi diplomatico d'alto profilo, Ministro degli Esteri, protagonista nel processo fondativo dell'Onu, ideatore della Forza d'Emergenza delle Nazioni Unite per le missioni di peace-keeping, strenuo tessitore nella risoluzione dell'esplosiva crisi di Suez del 1956 e perciò insignito del Premio Nobel per la Pace. Il suo governo liberale di minoranza, grazie all'appoggio esterno dei social-democratici del New Democratic Party, creò con il Medicare il primo sistema sanitario pubblico del continente americano, introdusse il piano pensionistico federale e quello dei prestiti per gli studenti, emanò la legislazione per il limite lavorativo a 40 ore settimanali, il salario minimo e l'obbligo annuale di almeno due settimane di ferie, diede vita a provvedimenti fondamentali per assicurare alle donne la parità dei diritti, avviò riforme che fecero scendere al minimo storico il livello di disoccupazione, abolí le restrizioni all'immigrazione di persone dalla pelle non bianca, oppose ferma resistenza alle pressioni degli States per l'intervento nella guerra del Viet Nam.

La spinta di Pearson verso la creazione del Canada moderno non si espresse solo nei campi dell'economia e delle politiche sociali, ma agí potentemente anche ai fini dell'affermazione dell'identità nazionale e della preparazione alla conquista dell'indipendenza. Si trattò di atti apparentemente solo simbolici, i quali invece avrebbero avuto un risolutivo impatto emozionale e identitario: per esempio, l'insistenza nel dichiarare di non volersi piú identificare come anglo-sassone ma come canadese e la sostituzione della bandiera britannica con la nuova bandiera nazionale, bianca e rossa dominata dalla foglia d'acero, adottata il 15 Febbraio 1965, dopo decenni di controversie e opposizioni anche aspre.

Inoltre, Pearson predispose le condizioni affinché di lí a poco anche il francese diventasse la lingua ufficiale accanto all'inglese, parallelamente fiaccando risolutamente le velleità secessioniste dei francofoni, che avevano sperato nella nascita di un autorevole sostegno internazionale dopo il dirompente discorso del "Vive le Québec libre!" pronunciato a Montréal nel 1967 dal presidente francese Charles de Gaulle.

Non meno rilevante fu un discorso parlamentare del 1966. In quell'occasione, Pearson coniò il neologismo "patriation", il cui concetto avrebbe influenzato le modalità vincenti del dibattito fervente da decenni intorno alla Costituzione. «*We intend to do everything we can to have the Constitution of Canada repatriated*», disse Pearson. Con il che, si sgombrava il terreno da tutte le complicate ipotesi di redazione di un nuovo testo e si apriva la strada a un procedimento che, sebbene anch'esso non semplice e non rapido, sarebbe stato realisticamente perseguibile con successo. Quella vigente era una legge approvata nel 1867 dal parlamento britannico, che solo da quest'ultimo sarebbe stata modificabile, mentre consustanziale alla piena sovranità nazionale doveva essere la modificabilità della Costituzione da parte del parlamento canadese senza alcuna interferenza britannica. "Patriation" voleva dire "limitiamoci a rimpatriare la Costituzione che c'è e rimandiamo a tempi piú tranquilli l'introduzione di tutti i cambiamenti che appariranno necessari, ai quali noi canadesi da soli potremo dar corso senza dover domandare consensi altrui". In effetti, sia pur con ulteriori lungaggini e non marginali conflittualità, per quella via la sovranità nazionale sarebbe stata infine conquistata.

3

Verso una Nuova Identità Canadese

È un anno cruciale, il 1967: si celebra il Canadian Centennial, cioè il Centenario della Confederazione degli Stati Canadesi creata dal Parlamento di Londra con il British North America Act del 1867, e Lester Pearson, mentre annuncia la decisione di lasciare a breve termine la guida del Paese, compie la mossa che, chiamando Pierre Trudeau a reggere il Ministero della Giustizia, equivale in buona sostanza alla designazione del suo successore.

Trudeau, infatti, nato a Montréal da immigrati francesi ma fermamente contrario alle rivendicazioni indipendentiste del Québec, interprete appassionato di una visione sociale avveniristica e geniale tessitore di arditi disegni politici, che tra l'altro, con l'abrogazione dal codice criminale delle norme contro l'omosessualità e con la legalizzazione del divorzio, determinano l'esito vittorioso del suo slogan "non c'è posto per lo Stato nelle camere da letto della nazione", conquista quel travolgente consenso dei giovani e delle menti piú evolute che nell'Aprile del 1968 gli assicureranno la leadership del Liberal Party, principale forza politica del Paese, e la conseguente nomina a Primo Ministro.

Il 1967 fu un anno di vivace euforia, dominato dall'esaltazione delle grandi realizzazioni strutturali, economiche e sociali che nel corso dell'ultimo secolo avevano sollevato il Canada dalla condizione di territorio oggetto di mero sfruttamento coloniale al ruolo di rigogliosa e innovativa potenza industriale. Tra gli eventi di quell'anno memorabile si distinse l'Expo 67, che vide negli spettacolari padiglioni di Montréal l'esibizione del meglio che la creatività del Canada e di una moltitudine d'altri Paesi aveva da offrire all'ammirazione del mondo.

Subito dopo, molta della gioia per i traguardi fin lí attinti prese a stemperarsi lungo l'arco di un decennio pervaso da notevoli difficoltà, frastornante ansietà e estenuanti dibattiti sul come fuoriuscire dal montante intreccio di afflizioni. Si assommavano un'inflazione martellante, la lievitazione del debito pubblico, gli sconvolgenti effetti della crisi petrolifera mondiale, una durissima recessione economica e l'inquietante riacutizzarsi delle pulsioni separatiste del Québec.

Trent'anni dopo, il giornalista e storico Pierre Berton avrebbe pubblicato un libro per sostenere che il 1967 era stato «*The Last Good Year*», il che, se costituisce un'affermazione del tutto irrealistica dopo tanti decenni di sopraggiunte stagioni felici, offre comunque un'immagine quanto mai attendibile del clima morale instauratosi dopo il Canadian Centennial.

Ancor piú delle turbolenze economico-finanziarie, fu sopra tutto il disagio dei francofoni e a causa dei francofoni che fiaccò incisivamente il morale dei canadesi dopo il «*Last Good Year*». In realtà, nel resto della Confederazione e in significative nicchie dello stesso Québec, gran parte delle antiche ruggini e dell'ancestrale insofferenza verso gli anglofoni erano ormai acqua passata, tanto piú fra i giovani e le componenti meglio acculturate. Tuttavia, nel Québec gli irriducibili portatori del verbo separatista costituivano tutt'altro che frange irrilevanti.

Il disagio dei francofoni non era figlio soltanto della guerra a suo tempo perduta contro le armate britanniche, delle discriminazioni linguistiche e del modestissimo peso riservatogli nelle strutture decisionali della Confederazione, ma aveva trovato robusto alimento nel sottosviluppo economico e culturale.

Nel Québec, fin dal 1875, l'istruzione e la sanità erano saldamente nelle mani della Chiesa Cattolica, che ne aveva ottenuto il monopolio dal governo provinciale con l'esclusione di qualsiasi interferenza da parte di quest'ultimo. La scadente qualità formativa di base e gli alti costi dell'istruzione superiore assicuravano solo a una ristretta élite l'accesso agli studi universitari, mentre l'impostazione meramente caritatevole dei servizi sanitari manteneva il grosso della popolazione in condizioni di salute alquanto precarie. Anche dopo la Seconda Guerra Mondiale, a differenza del resto del Paese, le cose non erano cambiate: la politica conservatrice del governo provinciale e la fragilità culturale e sanitaria della popolazione negavano al Québec modernizzazione e sviluppo economico.

Poi, negli anni Sessanta, la situazione conobbe un'impetuosa accelerazione, frutto della cosiddetta Révolution Tranquille: massicci investimenti in infrastrutture e servizi ai cittadini, nazionalizzazione del sistema di produzione e distribuzione dell'energia elettrica, incisive riforme sociali e sopra tutto quella vera e propria rivoluzione che fu il rapido processo di secolarizzazione della società con la conseguente acquisizione alla mano pubblica della gestione di istruzione e sanità.

Il successo della Révolution Tranquille fece progredire la società, ma il progresso economico e sociale ebbe un risvolto inquietante, fomentando gli ambienti irriducibilmente nazionalisti a rivendicare con inusitata veemenza l'indipendenza politica dalla Confederazione a guida prevalentemente anglofona. L'improvvido incoraggiamento venuto nel 1967 con l'irresponsabile "Vive le Québec libre!" di Charles de Gaulle soffiò sul fuoco e la violenza finí con l'entrare in scena: attentati terroristici, rapimenti di personalità, l'assassinio nel 1970 del Vice Premier Pierre Laporte. La fermezza e l'abilità di Pierre Trudeau e la saldezza delle istituzioni democratiche riuscirono a depotenziare la deriva destabilizzatrice, tanto che si può individuare nei Giochi Olimpici di Montréal del 1976 il simbolico momento conclusivo di uno dei piú drammatici decenni della storia canadese. Tuttavia, la "questione Québec" resta tuttora sullo sfondo delle problematiche nazionali, anche se non piú in termini cruenti e nemmeno con velleità separatiste, dopo il fallimento dei tentativi che nel 1980 e nel 1995 avevano scelto la via referendaria per pervenire alla sovranità.

Un'importante iniziativa per aprire la strada verso il superamento dell'animosità francofona, nonché delle problematiche connesse all'intricata multietnicità del Paese, era stata varata nel Luglio del 1963 dal governo Pearson mediante l'istituzione della Royal Commission on Bilingualism and Biculturalism. Alla Commissione veniva affidato un mandato quanto mai complesso e delicato:

> *To inquire into and report upon the existing state of bilingualism and biculturalism in Canada and to recommend what steps should be taken to develop the Canadian Confederation on the basis of an equal partnership between the two founding races, taking into account the contribution made by the other ethnic groups to the cultural enrichment of Canada and the measures that should be taken to safeguard that contribution.*

Il lavoro della Royal Commission on Bilingualism and Biculturalism si sarebbe protratto per diversi anni e i suoi risultati avrebbero avuto decisiva influenza sulla vasta azione guidata da Pierre Trudeau. Del resto, senza i provvedimenti dei governi Pearson il lavoro portato brillantemente a termine da Trudeau non sarebbe stato possibile.

Né è da trascurare l'influenza che sulla formazione degli orientamenti delle forze politiche e della generalità dell'opinione pubblica ebbe a esercitare l'apparizione, nel 1965, del libro *The Vertical Mosaic* del sociologo John Arthur Porter. Riprendendo l'idea elaborata nel 1938 da John Murray Gibbon, quella di "una nazione costituita da un mosaico di differenti gruppi linguistici", Porter analizzava la situazione canadese secondo due innovativi punti di vista: i meccanismi decisionali delle entità politiche e economiche e la diseguaglianza delle opportunità offerte ai singoli. Stabilito che «*individuals or groups at the top of our institutions can be designat-*

ed as elites», Porter afferma che «*elites both compete and co-operate with one another: they compete to share in the making of decisions of major importance for the society, and they co-operate because together they keep the society working as a going concern*». Conseguentemente, la società che Gibbon vedeva come un "mosaico etnico", per Porter è sí un "mosaico", ma verticale, cioè culturale. Fu appunto l'espressione "cultural mosaic" che prese cittadinanza nell'elaborazione del pensiero del nascente nuovo Canada, venendo a costituire il supporto delle concezioni da cui sarebbe nata la politica del "multiculturalismo".

A quel punto, apparve inevitabile, quano decisivo, chiedersi: "noi canadesi chi siamo? dove vogliamo andare?".

La concezione della comunità nazionale ruotava intorno ai Two Fundamentals, cioè anglo-sassoni e francofoni. Già, e gli altri? I tedeschi e gli italiani, cioè le due componenti maggiori, dopo quelle egemoni? E gli altri, a cominciare dagli aborigeni per arrivare ai piú di duecento gruppi di minor consistenza? Nel Parlamento dell'Ontario, Odoardo Di Santo pose la questione in termini che fecero colpo, domandando se i non anglo-sassoni e i non francofoni dovessero essere intesi come "Incidentals", cioè come irrilevanti elementi accessorî della nazione.

S'arriverà infine, nel corso degli anni di Trudeau Primo Ministro, a intravedere la Nuova Identità Canadese, non piú basata sui Two Fundamentals ma sul fondamentale insieme delle sue molteplici componenti.

4

Trudeau e il Multiculturalismo

La Royal Commission on Bilingualism and Biculturalism, con i suoi due rapporti, pubblicati rispettivamente nel 1965 e 1969, raccomandava l'introduzione di radicali riforme, tra le quali risultarono fondamentali quelle finalizzate a correggere l'inadeguatezza di presenza dei francofoni negli organi decisionali del Paese e quelle basate sul riconoscimento sia delle necessità sia dei contributi apportati alla nazione dagli altri gruppi etnici.

Le conclusioni della Commissione, supportate dal Liberal Party, dal Progressive Conservative Party e dal New Democratic Party, nonostante lo strenuo ostruzionismo delle forze conservatrici, diedero ali alla politica perseguita da Trudeau.

Negli anni di governo di Trudeau, dal 1968 all'84, con la breve pausa di un governo conservatore tra 1979 e 1980, venne perseguita la politica tendente e creare una "società giusta", nella quale ogni cittadino avrebbe dovuto "sentirsi canadese", senza distinzioni e discriminazioni linguistiche, etniche, sessuali e economiche, e disponendo ognuno delle medesime opportunità.

Con l'Official Languages Act, nel 1969 venne introdotto il bilinguismo, determinando una vasta riforma del sistema scolastico e obbligando l'intero apparato pubblico a utilizzare simultaneamente l'inglese e il francese negli atti ufficiali e indifferentemente entrambe le lingue nelle relazioni con i cittadini.

Con l'intento di spegnere le antiche conflittualità e di valorizzare le prospettive offerte dagli afflussi immigratori, il Multiculturalism Act del 1971 superava definitivamente la logica delle "tre solitudini", cioè del tradizionale isolamento l'una dall'altra delle componenti anglofona, francofona e aborigena, e inaugurava quella realtà multiculturale che riconosce a tutti i canadesi il diritto al mantenimento delle proprie tradizioni, alla libera professione delle rispettive religioni e all'insegnamento scolastico delle lingue d'origine.

Arrivò poi la radicale riforma della politica immigratoria, con l'Immigration Act del 1976, la cui sostanza mirava a «*to support the attainment of such demographic goals as may be established by the government of Canada from time to time in respect of the size, rate of growth, structure and geographic distribution of the Canadian population*», introducendo per la prima volta il diritto ai ricongiungimenti familiari e misure umanitarie in favore dei rifugiati. Entrata in vigore nell'Aprile del 1978, la nuova legge sarebbe stata poi emendata per piú di trenta volte, fino alla definitiva sostituzione con l'Immigration and Refugee Protection Act del 2002, avendo essa comunque segnato un momento decisivo per la qualificazione della politica immigratoria canadese come modello mondiale di razionalità e equanimità.

Tuttavia, la concreta realizzazione delle riforme comportate dal multiculturalismo e dalla politica della "società giusta" non fu cosa breve né priva di contrasti e contraddizioni. Per di piú, tra le priorità dell'agenda di governo c'era, come sempre, il raggiungimento della piena sovranità nazionale. Trudeau seppe agire come le necessità storiche richiedevano, portando al successo quasi tutto quel che costituiva il sogno suo personale e collettivo per il Canada del futuro. La sua popolarità dilagò anche all'estero, non solo a seguito di gesti per quei tempi clamorosi, come l'aver espresso sostegno al governo cubano di Fidel Castro o l'essere stato il primo leader occidentale a recarsi in visita a Pechino e a stabilire relazioni diplomatiche con la Repubblica Popolare cinese. Destarono grande impressione anche la risolutezza espressa nello stroncare la deriva terroristica dei separatisti del Québec, l'abolizione della pena di morte, la spinta a far eleggere per la prima volta una donna alla guida del Parlamento, la creazione dell'azienda petrolifera pubblica Petro-Canada. Ovviamente, però, la storia annoterà per sempre come massimo capolavoro di Pierre Trudeau la conquista dell'autonomia costituzionale e della completa sovranità nazionale, due questioni che da decenni animavano il dibattito politico-culturale canadese e che avrebbero impegnato quattordici anni dell'azione di governo guidata da Trudeau per diventare realtà.

Con il British North America Act del 1867, altrimenti noto come "Costituzione del 1867", il parlamento britannico aveva riconosciuto una parziale indipendenza ai territori coloniali canadesi, riservando però al Regno Unito la titolarità della politica estera e il controllo sull'iniziativa legislativa del Canada. Perciò, pervenire a quella che Lester Pearson aveva definito "Patriation" della Costituzione costituiva una fondamentale meta storica, sebbene da molti osteggiata e comunque immaginata da conseguire mediante un'infinità di "distinguo" e di differenti punti di vista.

Le difficoltà per pervenire alla "Patriation", quelle interne e quelle frapposte dal Regno Unito, furono tali e tanto prolungate nel tempo che, per averne un'idea, basta tenere a mente la complessità del processo con cui s'arrivò a inserire nella Costituzione finalmente "patriated" la Charter of Rights and Freedoms. Questa, adottata nel 1960 e ispirata alla Dichiarazione Universale dei Diritti dell'Uomo promulgata dall'Onu nel 1948 e alla Convenzione Europea per la Salvaguardia dei Diritti dell'Uomo del 1950, proclamava, tra l'altro, i diritti di uguaglianza di fronte alla legge, il diritto alla propria lingua originaria, la libertà di pensiero, di religione, di stampa, di riunione, di associazione. Tuttavia, si trattava di una legge non vincolante per i governi provinciali, che avrebbe potuto esplicare piena efficacia solo diventando parte integrante della Costituzione. A tal fine, venne promossa nel 1980 una vasta consultazione popolare, grazie alla quale furono introdotte numerose modifiche al testo del 1960. Ma, parecchie resistenze venivano ancora frapposte, finché alle estenuanti trattative si pose fine con il Kitchen Accord che finalmente avrebbe dato il "via libera" alla "Patriation".

Il Kitchen Accord venne sottoscritto nella notte del 4 Novembre 1981 nella cucina di un edificio governativo di Ottawa tra il Ministro Federale della Giustizia Jean Chrétien e i Procuratori Generali dell'Ontario e del Saskatchewan. L'accordo prevedeva la concessione ai governi provinciali di graduare nel tempo l'entrata in vigore di alcune parti della Charter of Rights and Freedoms. Trudeau, consapevole che non c'era altro modo per concludere il procedimento di "patriation", accettò il compromesso e, per l'ultima volta, chiese al Regno Unito di approvare una legge canadese: fu il Canada Act del 1982, unica legge del Regno Unito scritta non solo in inglese ma anche in francese.

Il Canada Act, contenente la nuova Costituzione canadese, comprensiva della Charter of Rights and Freedoms, veniva sottoscritto il 17 Aprile del 1982 a Ottawa dalla Regina Elisabetta II d'Inghilterra e controfirmato da Pierre Trudeau. La "Patriation" della Costituzione era cosa fatta, la dipendenza dell'ex colonia canadese dal parlamento britannico veniva relegata tra i ricordi, la nazione canadese spiccava il volo verso nuovi orizzonti della propria storia. Unico legame giuridico con la vecchia "madrepatria" restava il ruolo puramente formale di Capo dello Stato riservato alla Regina o al Re del Regno Unito.

Dopo tutte le innovazioni introdotte grazie alla sua iniziativa, un giornalista chiese a Trudeau come mai non si fosse impegnato fino in fondo, cioè anche per rimuovere il ruolo simbolico di Capo dello Stato lasciato alla Corona britannica. La risposta fu l'estrema testimonianza della saggezza politica e diplomatica che ha fatto di Trudeau, fino a tutt'oggi, un caso unico nella storia canadese: «*Perché impegnarsi in una discussione faticosa e sgradevole su un argomento che a nessuno porta niente e a nessuno toglie niente?*».

Sebbene Trudeau avesse lasciato la vita pubblica da sedici anni, il suo funerale, celebrato a Montréal il 3 Ottobre del 2000 dopo cinque giorni di lutto nazionale, fu uno dei piú memorabili eventi canadesi, per l'immensa partecipazione popolare e l'emozione con cui venne vissuto in tutto il Paese. Tra i partecipanti, c'era una moltitudine di personalità, artisti e Capi di Stato provenienti da tutto il mondo, tra i quali il presidente cubano Fidel Castro e l'ex Presidente Usa Jimmy Carter. Il figlio Justin concluse con queste parole il suo elogio funebre: «*The woods are lovely, dark and deep. He has kept his promises and earned his sleep. Je t'aime, papa*».

5

L'immigrazione italiana del dopoguerra

Nel 1834, il modesto insediamento di York sulla riva Nord del Lago Ontario, poco piú di una piazzaforte militare, viene ridenominato Toronto e proclamato "città". Ci sono appena 9.254 abitanti. Nel 1901 gli abitanti diventano 208.000, ai quali vanno aggiunti i 30.000 dei sobborghi. La crescita è lenta ma costante: nel 1951 siamo a 676.000 residenti e nei sobborghi ce ne sono altri 442.000. Nell'arco di poco piú di un secolo, la modesta popolazione iniziale è aumentata piú di cento volte. Poi, l'accelerazione è frenetica: nel 1971 siamo già oltre i due milioni di abitanti e ormai tra l'antica "città" di meno di 10.000 abitanti e i sobborghi non c'è soluzione di continuità. Nei primi anni del Terzo Millennio, infine, la popolazione della Grande Toronto supera le 5.500.000 unità.

Notevole parte della crescita demografica di Toronto si deve ai flussi immigratori, dei quali la componente italiana è una delle piú rilevanti. Nel trentennio 47-77, arrivano in Canada 430.000 italiani, la maggior parte dei quali s'insedia proprio a Toronto.

Si può ben capire, dunque, quale grandioso fenomeno sia stata l'attività edilizia nella seconda metà del Novecento, per realizzare abitazioni, edifici pubblici, industriali e commerciali, strade, acquedotti, fognature e quant'altro. A partire dagli anni immediatamente seguenti la fine della Seconda Guerra Mondiale, l'economia canadese galoppa, l'immigrazione dall'Europa viene incoraggiata, l'industria delle costruzioni è il volano dello sviluppo.

Proprio nell'industria delle costruzioni trova impiego la parte preponderante degli immigrati provenienti dall'Italia. La maggior parte di questa mano d'opera è fatta di giovani e meno giovani privi di qualsiasi esperienza, ma ci sono pure gli abilissimi muratori e carpentieri che saranno la chiave di volta per l'innovazione tecnologica e la qualità estetica delle spettacolari opere con le quali il volto di Toronto viene completamente ridisegnato, diventando quella meraviglia della modernità apprezzata da qualsiasi visitatore.

L'immigrazione italiana del dopoguerra incontra però anni estremamente difficili, segnati da pesanti diffficoltà di ambientazione, attraversati da periodiche crisi economiche, caratterizzati da lotte durissime per la conquista di diritti elementari e per la sindacalizzazione.

Il 17 Marzo del 1960 è il giorno che fa da spartiacque tra un "prima" e un "dopo" nella condizione della maggior parte degli immigrati italiani. È il tragico giorno d'inizio dell'itinerario che avrebbe condotto a una vera e propria rivoluzione nell'industria edilizia di Toronto, determinando la nascita di un autentico movimento sindacale e progressivi miglioramenti nelle retribuzioni e nelle condizioni di lavoro.

Il "prima" significava sacrifici spesso disumani, discriminazioni infamanti, sfruttamento selvaggio da parte di datori di lavoro privi di qualsiasi scrupolo. Moltissimi degli italiani arrivavano non avendo mai conosciuto in patria la vita di città, con un bagaglio culturale meno che minimale, del tutto ignari quanto all'inglese e alle altre lingue parlate in Canada, con una padronanza dell'italiano quanto mai problematica e, ovviamente, poveri in canna, mal nutriti, peggio vestiti e per lo piú senza un mestiere. A parte gli inevitabili ma statisticamente modesti casi di devianze e derive delinquenziali, erano armati solo di caparbia onestà, strenua voglia di lavorare, disponibilità a sottoporsi a qualsiasi vessazione lavorativa, disperata necessità di mandare qualche soldo alle famiglie lasciate in Italia.

Nelle ore libere dal lavoro godevano delle poche distrazioni offerte da una visita alle osterie allestite da intraprendenti connazionali e dalle chiacchiere scambiabili con i compagni d'avventura sui marciapiedi davanti le osterie. Ma, anche in queste innocenti pratiche che si portavano dietro dai borghi d'origine, gli italiani incontravano ostilità per loro inconcepibili: i poliziotti, ligi alla poco socievole prassi anglo-sassone, li scacciavano, perché il fermarsi a chiacchierare in strada non era considerata cosa per gente dabbene. D'altra parte, le loro donne cominciavano a affacciarsi nelle strade, nelle botteghe o in chiesa solo dopo mesi e magari anni di timorosa autosegregazione tra le mura domestiche. Quanto al lavoro, erano generalmente sottopagati, sottoposti a turni massacranti, esposti a qualsiasi rischio, privi di ogni forma di tutela.

Poi, venne il faticoso, lento e spesso drammatico inizio del "dopo". Tutto cominciò in quel 17 Marzo del 1960. Nella località nota come Hogg's Hollow, si scavava una galleria sotto il fiume Don, lungo il percorso dell'acquedotto destinato a servire l'allora nascente urbanizzazione di North York. Nel turno di notte erano impegnati cinque operai italiani: Pasquale Allegrezza, 26 anni, Giovanni Corriglio, 46 anni, Giovanni Fusillo, 27 anni, i fratelli Alessandro e Guido Mantella, l'uno di 25 anni e l'altro di 23. Ci vollero tre giorni di lavoro per riportare alla luce i loro corpi.

Fu uno dei tanti infortuni mortali che da anni colpivano le maestranze, prevalentemente italiane, operanti nella moltitudine di cantieri edili attivi a Toronto. Del resto, non fu l'ultimo: per esempio, appena il successivo 31 di Maggio, in un cantiere tra Weston Rd e Coulter Av, lo sterratore Gabriele Carbone, padre di cinque figli, rimase sepolto vivo sotto una frana.

Però, se non fu il primo e non fu l'ultimo, Hogg's Hollow fu l'infortunio sul lavoro che piú di qualsiasi altro scosse le coscienze e agitò le stagnanti acque della rassegnazione operaia e del quieto vivere perbenista.

Quello di Hogg's Hollow era un eccidio annunciato: le inadeguatezze del cantiere erano già state da tempo accertate dalle visite ispettive, l'impresa appaltatrice e i dirigenti del cantiere non erano qualificati per la gestione di lavori sotterranei, tanto meno lo erano i giovani e inesperti operai addetti a quella lavorazione, l'area di scavo era fortemente a rischio per via della friabilità conseguente al suo sottostare a un corso d'acqua, nella galleria non c'erano fonti di illuminazione artificiale né telefoni di servizio né estintori né presidi di primo soccorso.

Quanto agli operai, che faticavano non con l'ausilio di mezzi meccanici ma solo con picco e pala, essi non avevano in dotazione torce elettriche né elmetti di sicurezza né scarpe antinfortunistiche né guanti né qualsiasi genere di indumenti protettivi. Nella notte, una saldatrice difettosa scatenò un incendio all'imbocco della galleria, il divampare dell'incendiò provocò estesi crolli all'interno, nessun aiuto immediato sopravvenne.

"Spietatezza" fu il concetto utilizzato dal medico legale dr D. K. McAteer nel definire il comportamento dei responsabili del cantiere: «*The attitude of the management towards the safety of the individual worker can be described as no less than callous*».

Per i giornali anglofoni non fu possibile seguitare a far finta di niente. Il governo dell'Ontario insediò una commissione d'indagine sulla sicurezza nei cantieri, sebbene nulla di concreto ne seguisse. Tuttavia, il rilievo dei servizi giornalistici e il tambureggiare del passa-parola, mentre innescavano ondate di raccapriccio tra la popolazione, attizzarono la rabbia degli immigrati che da tempo immemorabile covava sotto la cenere della rassegnazione. All'Italo-Canadian Recreation Club di Brandon Av, cominciarono a infittirsi e sempre piú affollarsi riunioni e assemblee: un po' alla volta, dalla protesta concitata e dagli sfoghi individuali si passò a strutturare una rudimentale organizzazione parasindacale. In meno di quattro mesi s'arrivò a disporre della consapevolezza, delle energie e della disciplina necessarie per passare all'azione.

Il 1° d'Agosto ebbe inizio il primo sciopero degli edili di Toronto. Si trattava di uno sciopero illegale, perché non proclamato conformemente alla vigente normativa procedurale, il che significava trovarsi davanti le forze dell'ordine in atteggiamento repressivo. Comunque, il Brandon Group, cioè l'organizzazione sindacale che andava prendendo corpo in Brandon Av, aveva piena consapevolezza di come l'illegalità dello sciopero non fosse minimamente influente sulla determinazione della massa disperata e spaesata degli immigrati impiegati nei cantieri edili di Toronto.

L'evento era assolutamente inusitato e ottenne una copertura massiccia da parte della stampa anglofona, che lo definí "la rivolta degli immigrati". Fin da subito, ci furono numerosi arresti, il che istigò reazioni rabbiose, spesso sfociate in comportanti violenti, come assalti e devastazioni nei cantieri dove lo sciopero non otteneva proseliti. Per parte sua, la polizia non lesinò l'espressione di smodate brutalità. Dopo tre settimane, lo sciopero si concluse con la sottoscrizione di un embrionale contratto collettivo di lavoro.

Ben presto, però, quello che era stato salutato come un successo della risoluta azione guidata dal Brandon Group cominciò a apparire come un fallimento: gli appaltatori che avevano sottoscritto il contratto collettivo protestavano per la concorrenza sleale dei colleghi che, non avendo firmato, seguitavano a corrispondere paghe d'entità inferiore e a imporre turni di lavoro piú pesanti; d'altra parte, gli operai non affiliati al Brandon Group rumoreggiavano per il dover seguitare a subire condizioni di lavoro meno buone di quelli che avevano scioperato; quanto alla liquidazione dei compensi, una non piccola parte degli appaltatori non pagava e, se pagava, lo faceva con assegni rifiutati dalle banche perché privi di copertura. Quest'ultima crudelissima pratica godeva dell'ineccepibile protezione di una legislazione quanto mai compiacente: infatti, dopo aver messo in circolazione una grossa quantità di assegni "a vuoto", gli appaltatori dichiaravano bancarotta, lasciando ineffabilmente sul lastrico dipendenti e fornitori, mentre subito dopo potevano impunemente riprendere la medesima attività, all'ombra della banale accortezza consistente nel dotarsi di una nuova e diversa ragione sociale.

Del resto, l'insensibilità verso i lavoratori, specialmente se immigrati, era costantemente il tratto distintivo dei comportamenti padronali. La tragedia di Hogg's Hollow aveva posto sotto gli occhi dell'opinione pubblica la pratica del coinvolgere le persone in lavori pericolosi senza addestrarle e senza circondarle delle precauzioni piú elementari. Adesso emergevano altre forme di insensibilità. La realtà profonda era che quelle persone venivano trattate come fossero oggetti inanimati, facilmente sostituibili quando si guastavano o si rompevano irreparabilmente. Furono perciò mesi durissimi, quelli dopo lo sciopero, trascorsi nella morsa di eccezionali difficoltà climatiche e di drammatiche carenze di denaro, di lavoro e di prospettive per il futuro.

Dopo il lungo e rigidissimo inverno di disperazione a cavallo tra 1960 e 1961, maturarono le condizioni per una seconda e piú incisiva azione. Fu il 29 Maggio del '61 l'inizio del nuovo sciopero, "lungo e duro", come era stato preannunciato nelle assemblee preparatorie. Anche quello fu uno sciopero illegale. I lavoratori erano esasperati, ma questa volta erano meno soli: anche parecchi appaltatori li fiancheggiavano, stanchi com'erano di un sistema che imponeva loro una produzione sempre maggiore e piú rapida a fronte di profitti costantemente decrescenti.

Con il passare dei giorni, i picchetti davanti i cantieri crescevano in ruvidezza. Aumentavano i danneggiamenti ai lavori in corso e alle attrezzature, mentre di pari passo dilagavano maltrattamenti e arresti da parte della polizia. I padroni delle imprese di costruzione, allarmati non piú soltanto dallo sciopero degli operai italiani ma anche dall'aumentare dell'adesione di lavoratori di altre etnie e dall'appoggio assicurato da parecchi appaltatori, chiesero al ministro federale dell'immigrazione di stroncare l'agitazione ricorrendo alla deportazione degli immigrati scioperanti. Le intimidazioni non scalfirono la fermezza della protesta, anzi ispirarono maggior combattività. I giornali sparavano ogni giorno titoli cubitali, stimarono da 5.000 a 9.000 gli operai scesi in sciopero e evidenziarono che il conseguenziale blocco dell'attività teneva in stallo la costruzione di una ventina di migliaia di edifici. Gran parte della città era paralizzata, per via dei cortei, dei picchetti operai e dei blocchi stradali della polizia. Arresti di massa e sentenze dure non sortivano effetto.

A un certo punto, decine di mogli, madri, fidanzate e sorelle, con tanto di figlioletti in braccio o tenuti per mano, avviarono un sit-in davanti la prigione dove i loro congiunti erano reclusi. La notizia fece colpo e, sopra tutto, cominciò a scuotere le coscienze, avviando la nascita di un diffuso sentimento di simpatia per gli scioperanti, i quali finalmente prendevano a configurarsi nell'immaginario della cittadinanza come esseri umani sottoposti a duro sfruttamento e pesanti umiliazioni.

Giunti alla sesta settimana, il fisico e la volontà degli scioperanti erano allo stremo. Per di piú, le difficoltà economiche mettevano a rischio la possibilità di sopravvivenza per se stessi e per le famiglie, mentre non si riusciva a percepire una positiva via d'uscita dall'ormai fin troppo lungo stato di agitazione. Venne allora tentata la carta di un'iniziativa capace di rinnovare la determinazione e la speranza di tutti. L'iniziativa ci fu e ottenne l'esito sperato: indetta una manifestazione a sostegno dello sciopero, si videro 17.000 lavoratori gremire gli spalti della Canadian National Exhibition. Al microfono non si alternarono solo sindacalisti, ma giunsero a esprimere solidarietà esponenti di diverse religioni, tutti indignati per il modo con cui venivano trattati gli immigrati impiegati nell'industria delle costruzioni. A Toronto non s'era mai vista una cosa del genere.

Infine, dopo sette settimane, anche il secondo grande sciopero finí. Ma, anche questa volta i risultati furono ben poco cosa rispetto a quel per cui s'era lottato. Uno degli irrisolti problemi di fondo era quello delle diversità di trattamento tra operai sindacalizzati e non, in quanto i miglioramenti salariali e di orario erano riconosciuti, quando lo erano, solo agli appartenenti al sindacato che aveva sottoscritto gli accordi.

Un grosso intralcio venne dalla contrarietà delle grandi centrali sindacali a sostenere l'iniziativa legislativa che avrebbe dovuto dare conclusivo esito positivo alla lotta sviluppatasi nell'arco di un intero anno: "stessa paga, stesse ore lavorative per tutti, a prescindere dall'appartenenza o meno ai sindacati". In realtà, le grosse organizzazioni sindacali, per altro quasi tutte aventi sede a Washington, che già avevano mal digerito le iniziative e i successi del Brandon Group, badavano sopra tutto a non perdere potere, quel potere la cui materia prima veniva dalla quantità di lavoratori rappresentati e dai conseguenti introiti assicurati dalle quote di adesione. Il ragionamento dei dirigenti sindacali era semplice: "Se il governo si mette a proteggere gli interessi dei lavoratori, perché i lavoratori avrebbero bisogno di rivolgersi a noi?".

Tra alti e bassi, tra una trattativa e l'altra, tra un ostacolo e un altro, la norma legislativa venne infine approvata nell'Agosto del 1963, avendo a suo fondamento i temi sostanziali di quel primo contratto collettivo che il 10 Agosto del 1960 era stato sottoscritto da sindacati e appaltatori.

A questo punto è opportuno ricordare alcuni nomi affermatisi come leaders durante lo sciopero. Primo fra tutti Bruno Zanini, friulano d'origine, personaggio carismatico dotato di una straordinaria eloquenza che riusciva a trascinare le folle nonostante il suo "italiese". Allo stesso tempo Zanini era un personaggio molto controverso ed enigmatico. Alla fine dello sciopero venne arrestato e condannato per furto anche se lui proclamerà sempre la sua innocenza. Altro personaggio di rilievo fu Giancarlo Stefanini, un giovane friulano appena arrivato dall'Italia. Aderì con entusiasmo giovanile allo sciopero tant'e' che venne arrestato per resistenza a pubblico ufficiale e condannato a sei mesi di reclusione, pena commutata a tre mesi in sede di appello. Dopo lo sciopero passò alla Local 183 del sindacato degli edili e qui rimase per tutta la sua vita sindacale. Recentemente, Stefanini ha pubblicato un libro dal titolo "Strike" la storia di un italiano in Canada (Edizioni Lavoro, Roma, 2014) dove illustra la sua visione di mezzo secolo di storia del movimento sindacale italo-canadese. Di lui torneremo ad occuparci più avanti. Altro leader ad emergere, anche lui proveniente dal Friuli, fu Marino Toppan. Pur mai raggiungendo i vertici del potere spese molti anni come funzionario della sezione 506 sempre nel settore edile dove per un breve periodo ricopri anche la carica di presidente. Per quasi un ventennio condusse un programma radiofonico, "La voce del lavoro". Durante gli anni di pensionamento ha pubblicato un volume in cui racconta le sue esperienze intitolato, "The Voice of Labour" (Toronto, 2004). Infine Franco Colantonio, un gentiluomo del Molise con sani principi morali preferì mettersi da parte pur di non compromettere minimamente la sua integrità. Svolse intenso ed utile lavoro comunitario con la Italian Immigrant Aid Society e con la International Institute of Metropolitan Toronto. Anche Colantonio ci ha lasciato le sue testimonianze in un volume dal titolo, "From the Ground Up" (Toronto, Between the lines, 1997).

Le vicende degli anni Sessanta sulle quali mi sono soffermato possono sembrare inverosimile fantasia, agli occhi di chi non le ha vissute e rispetto alle condizioni in atto nel tempo presente. Ma, quella era la realtà e in mezzo a quella realtà hanno dovuto camminare e farsi strada le decine di migliaia di italiani arrivati in Canada per restarci e per diventarne cittadini a pieno titolo.

Dopo quegli iniziali anni Sessanta, il ruolo degli italiani che era stato fondamentale, essendo stati loro a dare inizio alla sindacalizzazione degli edili, perse progressivamente di peso. Anzi, gli italiani vennero letteralmente schiacciati dal gruppo irlandese-scozzese, i quali anche se meno numerosi degli italiani imponevano il loro stile di gestione con un atteggiamento abbastanza autoritario verso i nuovi operai immigrati. Per esempio, nel caso della principale sezione di Toronto, e quindi del Canada, del sindacato degli edili, la Local 183, gli italiani erano l'80% degli iscritti, ma il 20% di irlandesi lasciava uno spazio irrilevante alla voce della componente maggioritaria.

Solo piú tardi, gli italiani seppero dar vita, anche in seno ai sindacati canadesi, a un corposo revival della loro capacità di proposta e di iniziativa. I protagonisti di quella fase, dalla quale fiorì per gli italo-canadesi la conquista definitiva di un ruolo di rappresentatività legittimato in primo luogo dal generale riconoscimento di un elevato prestigio professionale e sociale nonché dal vasto consenso d'opinione guadagnato in seno a tutte le componenti etniche. Raggiungere questi risultati non fu cosa semplice, né indolore. Forse, ancor piú lungo e arduo sarebbe stato il cammino, se non vi fosse stato il concorso del mutare della situazione generale: in primo luogo, le rivolte contro il vecchio ordine, esplose nei campus universitari degli States e poi dilagate in tutto l'Occidente, e l'avvento di Trudeau alla guida del Canada.

Uno snodo decisivo s'intrecciò proprio con gli eventi che nel 1968 avviarono il nuovo corso della politica canadese. Trudeau, confluito da pochi anni nel Liberal Party, s'era lasciata alle spalle la cattedra universitaria di materie giuridiche, nel 1965 era stato eletto membro della Camera dei dei Comuni, nel 1967 era stato chiamato a reggere il Ministero della Giustizia e aveva conquistato tanta stima e popolarità da ottenere quel trionfo che nel congresso nazionale dell'Aprile 1968 lo vide proclamato nuovo capo del partito e poi nuovo Primo Ministro. Indette immediatamente nuove elezioni federali, il successivo 25 Giugno conseguí quell'esito quasi plebiscitario che nel corso degli anni gli rese possibile condurre il Canada verso un'epocale trasformazione del sistema socio-culturale e dell'architettura statuale.

Il 3 Aprile del '68, antivigilia dell'apertura del congresso del Liberal Party, il Corriere Canadese usciva con un taglio alto in prima pagina che clamorosamente abbandonava il distacco con cui il piú autorevole giornale canadese in lingua italiana abitualmente resocontava le vicende riguardanti i malesseri sociali della comunità. Si parlava apertamente di "problemi di democrazia" in seno alla Local 183. Si denunciava lo strapotere degli irlandesi che capitanavano la Local 183. Si argomentava che il grosso degli iscritti, 2.500 italiani su un totale di 3.150, era privato di ogni possibilità di far valere le proprie ragioni, per via del luogo e delle date di svolgimento delle assemblee.

In effetti, le riunioni venivano convocate sempre per le 8 di sera del Venerdi e si svolgevano in una sala adiacente una birreria ubicata in un quartiere densamente popolato di irlandesi e assai distante dai luoghi dove risiedeva la generalità degli italiani. La nota giornalistica riferiva che gli italiani aspiravano a tenere le assemblee di Domenica, il che gli avrebbe consentito di partecipare numerosi e di risultare conseguentemente decisivi, però si asteneva dall'accennare a un retroscena maggiormente esplicativo. Gli operai italiani avevano piena consapevolezza che le ragioni ispiratrici di quelle modalità di convocazione risiedevano in primo luogo nella volontà di ostacolare la loro partecipazione e poi nella ricerca di ogni comodità per gli irlandesi: incontrarsi al termine della settimana lavorativa e sbrigarsela con una riunione di pochi minuti consentiva di ricavare tutto il comodo di questo mondo per godersi prima le solenni bevute di birra promesse da uno o piú dei tanti pub sparsi da quelle parti e poi per rincasare a prezzo di brevi camminate. Tuttavia, ancor piú bruciante di quelle miserabili ma inconfessate motivazioni era l'argomento con cui veniva ufficialmente respinta l'eventualità delle riunioni domenicali. Gli irlandesi erano quasi tutti cattolici, come cattolici erano quasi tutti gli italiani. Sentirsi dire, dagli irlandesi!, che la Domenica era riservata a lodare e ringraziare Domineddio e trovarsi nell'impossibilità di controbattere configurava per gli italiani una situazione non solo associativamente sfavorevole ma anche individualmente frustrante.

In quell'Aprile del '68, la situazione in seno alla Local 183 cominciava a diventare troppo calda, gli eventi incalzavano e gli artificiosi equilibri fin lí assestati scricchiolavano paurosamente. Tre operai italiani erano stati licenziati dalla Redfer Construction. Agli occhi dei connazionali, quei licenziamenti erano apparsi assolutamente ingiusti. Biagio Di Giovanni si espose, non solo all'interno della 183 ma anche attraverso i media, nell'accusare la dirigenza della 183 di non aver difeso i licenziati, con ciò attirando su di sé i piú veementi fulmini del direttivo sindacale, che ne decretò l'espulsione a vita dall'organizzazione.

Si entrava nel periodo pasquale, ma non c'era né pace né serenità tra gli edili italiani. Il Corriere Canadese, che in quel tempo, non avendo ancora assunto la cadenza d'uscita quotidiana, andava in edicola settimanalmente, sparò in prima pagina un titolo di testa a 8 colonne, nell'edizione del 17 Aprile, riferendo della manifestazione svoltasi a sostegno di Biagio.

Centinaia di operai italiani s'erano dati appuntamento davanti la sede della 183. Sul mare ondeggiante dei manifestanti svettavano cartelli con le piú svariate espressioni di protesta. Poi, tutti si mossero in corteo per raggiungere il cinema a St. Clair che era stato prenotato per lo svolgimento della fase conclusiva della manifestazione.

Il discorso principale venne tenuto da Odoardo Di Santo, non ancora tra i ranghi parlamentari ma già allora battagliero leader della comunità nelle vesti di redattore capo del Corriere Canadese. «*Bisogna essere uniti*» esordí. «*La condanna sindacale contro Di Giovanni è tanto implacabile da avere un solo precedente nella storia sindacale del Nord America, e per fatti ben piú gravi e comprovati. Colpendo lui, in realtà si vogliono ammonire tutti gli italiani a non alzare la testa*».

Si discusse animatamente sul da farsi a proposito dell'ennesima convocazione della 183 per il successivo Venerdi 19. Alla fine tutti furono d'accordo sulla necessità di partecipare in massa, nonostante il sacrificio comportato dalla data e dal luogo di riunione. Era necessario andare, allo scopo di imporre il rispetto delle regole della democrazia e per conquistare due decisivi successi: la revoca dell'espulsione di Biagio e lo spostamento alle giornate domenicali di tutte le future convocazioni.

L'assemblea di Venerdi 19 venne convocata nella sala del Labor Lyceum in Spadina Road e risultò affollatissima, ma durò giusto il tempo di darvi inizio. Il Corriere Canadese del 24 Aprile titolava a 7 colonne in prima pagina: "La violenza impedisce alla 183 l'esercizio democratico del voto". C'erano 500 italiani e un centinaio di irlandesi. Questi ultimi partono subito all'attacco: "un'aggressione bestiale" scrive il Corriere Canadese. Gli italiani reagiscono immediatamente con la stessa veemenza. La durezza dello scontro è notevole: sedie fracassate, pugni, calci e randellate a piovere. La polizia, ovviamente, era allertata, ma si guardò bene dall'intervenire, fatta salva la fase finale, quando gli agenti s'impegnarono nel sedare definitivamente gli animi.

Quelli seguenti, furono giorni di frenetiche trattative e esasperanti tensioni. Ci si rivolse alla centrale sindacale, che aveva sede a Washington, per chiedere il ristabilimento delle regole statutarie e il ripristino di una civile funzionalità in seno alla 183. In primo luogo, era necessario riconvocare l'assemblea degli iscritti, ma la dirigenza della 183 applicava una strategia tendente a fiaccare la resistenza degli italiani e a scoraggiarne la volontà di partecipazione: venne fissata una prima data, poi spostata piú volte; analogamente, si indicavano sedi ogni volta diverse e sempre piú distanti da dove erano concentrate le case degli italiani.

Infine, l'assemblea si tenne il 19 Maggio nel cinema di Lansdowne, di Domenica e alle 10 di mattina: le richieste di carattere logistico degli italiani erano state soddisfatte, come pure la sanzione contro Biagio Di Giovanni era stata annullata. I partecipanti alla riunione furono piú di 1.000, ma tutto si svolse quietamente, né ci si spinse a approfondire i retroscena del prima e del dopo. La dirigenza rimase quella che era. La mediazione della centrale sindacale di Washington aveva dato i suoi frutti e nessuno aveva intenzione di seguitare a tenere in ebollizione la situazione interna al sindacato, quando di ben maggiore portata erano le problematiche da fronteggiare con i datori di lavoro. Il clamore intorno alla vicenda della 183 si dissolse e i giornali, ivi compresi quelli anglofoni, dal gran rilievo dei giorni piú caldi virarono verso l'assoluto disinteresse. Un doveroso chiarimento: la lotta in seno alla sezione 183 del sindacato non era affatto basata su una questione di appartenenza etnica come qualcuno ha cercato d'insinuare. Sarebbe stata una lotta senza alcun senso da tutti i punti di vista. D'altronde, le due comunità irlandese e italiana condividevano e condividono tutt'oggi molti obiettivi, ma soprattutto gli operai sui cantieri di lavoro erano ottimi amici e fra loro c'e' stata sempre solidarietà. Si trattava di una lotta in cui una parte, in questo caso quella italiana, seppure in maggioranza veniva esclusa dalla gestione sindacale. Era insomma una lotta per affermare il diritto di un'adeguata e dignitosa rappresentanza. Comunque alcuni giorni dopo l'accordo, ci fu un'altro evento che contribuì a ristabilire il quieto vivere, un'ennesimo infortuno mortale che in un cantiere aveva falciato la vita di 3 operai italiani. Si riaccese cosí, in ambito sindacale ma anche sui media, l'attenzione verso la vecchia quanto drammatica questione della sicurezza e della prevenzione dei rischi lavorativi.

Lí per lí, le tumultuose giornate dell'Aprile del '68 sembrarono essersi spente nell'ambiguità di un modesto successo e diedero l'impressione di aver partorito un ben magro bottino. Altri fatti presero il sopravvento nell'attenzione generale: le avveniristiche prospettive che il 20 Aprile erano apparse all'orizzonte con la proclamazione di Trudeau a Primo Ministro, la preparazione e poi il trionfale svolgimento delle elezioni federali che il 25 Giugno avrebbero dato definitivamente ali alle riforme politiche disegnate dal nuovo Primo Ministro e, tra una cosa e l'altra, l'assassinio di Bob Kennedy.

In realtà, la vera portata del successo conseguente ai fatti d'Aprile nella Local 183 la si poté misurare a medio e lungo termine. Tanto per cominciare, da allora in avanti, le assemblee sindacali si tennero sempre in sedi ubicate nei quartieri italiani, sempre di Domenica, sempre di mattina e con la piena facoltà di esprimersi in italiano. Tutto ciò rese possibile un'ampia, attiva e costante partecipazione degli operai italiani alla vita del sindacato, il che progressivamente lasciò maturare una retta coscienza dei propri diritti e doveri e fece crescere la capacità di autogestione delle singole individualità e della contribuzione di queste al formarsi delle decisioni collettive.

Cosí, passo dopo passo, gli operai italiani, non solo quelli della 183, acquisirono consapevolezza di sé e autostima, impararono a elaborare proposte e iniziative d'interesse generale, riuscirono a generare attitudini alla leadership, seppero districarsi nei meandri dei procedimenti democratici e, infine, seppero cogliere le opportunità offerte dagli appuntamenti elettorali: negli anni successivi ai fatti dell'Aprile del 1968, vinsero le elezioni nella Local 183 e in quasi tutte le altre sezioni sindacali. Poi, le affermazioni locali si proiettarono su piú vasta scala, dando modo al talento e alle capacità dei lavoratori italo-canadesi di conquistare posti di assoluto rilievo in tutte le organizzazioni sindacali dell'intero Paese.

Durante l'acceso dibattito, Giancarlo Stefanini, unico funzionario di origine italiana all'interno della sezione 183 (ricopriva la carica di segretario delle riunioni), rimase opportunamente dietro le quinte. Ad accordo raggiunto, fu facile per lui emergere quale "mediatore" ed iniziare la sua scalata al potere, che riuscì a gestire con notevole abilità manageriale per oltre un ventennio facendo della Local 183 la sezione sindacale degli edili più numerosa e potente del Nord America. Durante il suo mandato farà costruire un imponente edificio come sede e darà vita a diversificati servizi sociali.

Quanto a mio fratello Biagio, taluni risvolti dei fatti del '68 lasciarono in lui una cicatrice di amarezza che a un certo punto lo portò a estraniarsi dal sindacato e a mettere in piedi un'attività lavorativa indipendente. La sua fierezza di combattente per l'interesse generale dei lavoratori fu coltivata nell'animo di tutta la nostra vasta famiglia. Così nella Local 183 sono stati eletti a svolgere un ruolo dirigenziale prima Rocco Di Giovanni, il quale, ha sempre goduto di una indiscussa popolarità oltre che tra gli edili di ascendenza italiana anche tra gli iscritti appartenenti a tutte le nazionalità a cominciare dagli operai portoghesi (che oggi costituiscono la stragande maggioranza della sezione 183 anche a livello dirigenziale) i quali ne apprezzavano in primo luogo l'estrema lealtà nella difesa costante dei diritti acquisiti sui cantieri di lavoro, e successivamente il figlio Marcello.

Tant'è che anche mio figlio Carlo, dopo aver scoperto la sua vocazione di difensore dei piú deboli frequentando l'ambiente sindacale, ha impostato sul patrocinio legale dei lavoratori tutta la sua brillante professione di avvocato del lavoro.

Comunque, gli Italo-Canadesi detengono sempre posizioni importanti negli organismi dirigenti, non solo dei sindacati dell'edilizia ma in quasi tutti i settori produttivi. Tra i piú in vista, attualmente, sono da notare Carmine Principato, ancora oggi saldamente alla guida della Local 506, anche'essa divenuta la sezione degli edili con il maggior numero di iscritti e con maggiore prestigio in Nord America insieme alla Local 183. Cosimo Mannella è il nuovo leader degli edili dell'Ontario, mentre Joe Mancinelli, figlio di Enrico del quale ha ripercorso le orme, rivesta a sua volta la carica di Vice Presidente della centrale sindacale Nord-Americana degli edili.

Impossibile parlare di mondo del lavoro a Toronto e non ricordare la figura di Fortunato Rao, l'organizzatore sindacale "onnipresente". Ogni qualvolta vi fosse uno sciopero e qualsiasi fosse la categoria di lavoratori, sui cantieri o di fronte ad una fabbrica, era sempre lui ad organizzare i "picchetti" e formulare le strategie. Fortunato Rao si è distinto anche impegnandosi con profuso senso di generosità in varie raccolte fondi ed iniziative a favore della comunità. Le sue vicende ed esperienze sono raccolte in "The Lucky Emigrant" (Multicultural History Society of Ontario, 2002).

Occorre ammettere, però, che adesso le cose sono ben diverse dagli anni delle grandi lotte: attualmente, la formazione dei quadri sindacali matura senza le asprezze sul campo conosciute dalle vecchie generazioni. Quanti lottarono contro le tremende ingiustizie di un tempo hanno contribuito a approntare un terreno di confronto assai piú morbido per la realtà odierna: anche questo è un segno dei tempi, un segno del contributo di civiltà offerto dai canadesi di origine italiana, un segno indubbiamente di crescita riguardante la generalità delle componenti della nazione canadese.

Tuttavia, permane un forte sentimento di nostalgia in tutti coloro che, avendo vissuto le stagioni piú tormentate, avvertono come oggi molti dei coraggiosi ideali e della condivisa solidarietà di un tempo siano andati affievolendosi e, talora, siano caduti nella dimenticanza. Le nuove generazioni hanno molto da imparare da quelle lontane esperienze, che in loro dovrebbero anche alimentare una ben ragionata gratitudine. In tal senso, spero che queste pagine siano per loro una fonte di arricchimento etico e morale e un incoraggiamento verso ulteriori approfondimenti della conoscenza di quegli eventi e dei loro protagonisti.

6

Notabili e Wannabes: nascita e sviluppo dell'associazionismo

Nel 1964, la sociologa Edith Ferguson, nel libro *Newcomers in transition* descrive la comunità di origine italiana come la piú numerosa e la piú disorganizzata. Purtroppo, quell'osservazione corrispondeva perfettamente alla realtà. Una riprova quanto mai eloquente ne è offerta dalle vicende del movimento sindacale di cui al capitolo precedente.

Fu anche grazie alla spinta venuta con l'impietosa ma stimolante analisi offerta dal libro della Ferguson che cominciò a prender forza la consapevolezza del ruolo e del peso spettanti alla componente italiana. Nacque cosí il primo organismo rappresentativo di larga consistenza: la Faci (Federazione delle Associazioni e Clubs Italiani), dal cui seno emergeranno poi il Congresso Nazionale Italo-Canadese e, via via, tutte le altre realtà espresse dalla comunità italiana. Tra queste, il Centro Scuola e Cultura Italiana, che nascerà sulla base di una filosofia tutta sua, svincolata dalle tradizionali logiche assistenziali e nostalgiche delle organizzazioni degli immigrati.

A un certo punto, una realtà che c'era sempre stata in seno alla comunità italo-canadese e che tuttavia veniva ignorata, velata da ipocrisie, timori reverenziali e voglia di quieto vivere, si manifesta in tutta la sua dirompente carica conflittuale.

Da una parte, i "Notabili" e i "Wannabes". Dall'altra, tutti gli altri, sia pure con innumerevoli diversificazioni intestine.

I "Notabili" sono "quelli che sono", cioè quelli che hanno consistenza patrimoniale e economica e, conseguentemente, sociale. Sono quelli che detengono e esercitano potere. In modo piú spiccio, ma forse piú efficace, sono i "padroni" o, quando condiscono il loro ruolo con prosopopea e reboante retorica, i "tromboni".

I "Wannabes" sono gli "I wanna to be", cioè quelli che "vorrebbero essere", altrimenti definiti "uomini nuovi" in Italia e "parvenues" in Francia. Sono quelli che, freschi di successo economico, aspirano a ascendere la scala sociale e a conquistare potere. Insomma, vogliono anch'essi diventare "Notabili". Arrampicatori sociali piuttosto patetici quali erano, noi, in ragione dei loro modelli "tromboni", li chiamavamo "aspiranti tromboni".

Tra i "Notabili" si faceva una distinzione: c'erano i "Prominenti" e c'erano i "Nouveau Riches". I "Prominenti" ritenevano se stessi i naturali rappresentanti della comunità italiana e di questa si autoproclamavano leaders e portavoce, non infrequentemente nel disaccordo generale della comunità. I "Nouveau Riches", che risultavano ancora piú fastidiosi dei "prominenti", potevano vantare dalla loro solo il recente e rapido arricchimento, esibivano una sfrontata arroganza, figlia ovviamente della loro spesso sconvolgente ignoranza, e non erano altro se non pericolosi populisti e demagoghi.

"Notabili" e "Wannabes" vivono separatamente rispetto alla comunità, stanno in quartieri costosi, frequentano persone e ambienti a cui non è facile avere accesso. Non sempre si trovano d'accordo tra di loro e in fondo i primi detestano i "Wannabes" e questi invidiano il maggior prestigio sociale dei "Notabili". Tuttavia, si spalleggiano alla grande, gli uni con gli altri, quando si tratta di evitare che la montante consapevolezza di sé e della propria rilevanza elettorale consenta agli "altri" di erodere il loro ruolo di interlocutori privilegiati delle autorità costituite.

Appare ovvio notare che “tromboni” e “aspiranti tromboni” si ritrovavano sempre saldamente alleati nell’ostacolare le istanze democratiche affioranti nella comunità italiana. Per esempio, furono aspramente contrari alla nascita e al funzionamento della Faci. C’erano delle eccezioni, naturalmente, tra le quali un ruolo importante nel favorire il formarsi delle organizzazioni democraticamente elette venne rivestito dai già ricordati De Toro e Ventresca.

Quando gli italiani di Toronto cominciarono a prendere coscienza di sé, della loro notevole consistenza quantitativa, della crescente importanza che essi andavano assumendo nell’edificazione morale e materiale del Paese e del prestigio che finalmente la comunità cominciava a godere nel contesto nazionale, allora si diffuse l’aspirazione a esprimersi unitariamente e crebbe il desiderio di affermare quell’identità che fino ad allora s’era cercato di mimetizzare nel calderone dell’omologazione agli stereotipi anglo-sassoni. “Notabili” e “Wannabes” di tutto ciò s’erano sempre infischiati e tanto meno avvertivano l’esigenza di mutare atteggiamento.

Tra quanti avevano cominciato a capire che i tempi stavano cambiando ci fu anche la Chiesa Cattolica, la quale, subito cogliendo l’importanza della rivendicazione d’identità, si mise in moto per dare a se stessa un nuovo assetto: riuscí, infatti, ad affrancarsi dall’egemonia irlandese, creando la Commissione Pastorale Italo-Canadese.

Fu quella una stagione di intensi dibattiti, di appassionate assemblee, di fervorose elaborazioni teoriche e di costruttiva progettualità. Tutto questo, ovviamente, nel contesto di quella fase di rinnovamento della politica canadese che avrebbe finito con l’assumere a propria polarità fondamentale il concetto di multiculturalismo. Erano gli anni tra i Settanta e i primi Ottanta, il momento piú alto sia dell’invenzione del nuovo Canada sia della vitalità comunitaria italo-canadese e del suo fervore associazionistico.

Larghissimo apparve il convincimento che i tradizionali cavalli di battaglia di “Notabili” e “Wannabes”, cioè la coltivazione del folklore e la celebrazione delle antiche glorie patrie, non bastavano piú e che si dovesse invece lavorare intorno a esigenze e problemi reali della comunità: istruzione, cittadinanza, diritti dei lavoratori immigrati, superamento delle discriminazioni, miglioramento delle condizioni economiche e sociali, accesso dei cittadini immigrati ai ruoli di rappresentanza e governo nelle istituzioni pubbliche, pieno riconoscimento della validità per tutti della formula "uguali doveri - uguali diritti".

Nasceva imperiosamente la spinta verso una nuova forma di associazionismo, verso la creazione di una federazione nella quale tutti gli italo-canadesi si potessero identificare e grazie alla quale potesse svilupparsi un'energia in grado di catalizzare tutte le principali iniziative della comunità. La spinta veniva dai piú svariati gruppi, dalle associazioni regionali e paesane a quelle culturali e religiose, dalle organizzazioni religiose e sindacali a quelle assistenziali e professionali, dai pensionati, dagli invalidi, dai giovani.

Tra la fine del 1969 e i primi mesi del 1970 si svolsero un'infinità di riunioni e il dibattito fu intenso: si cominciò con il discutere sull'opportunità di una nuova entità associativa e poi, piano piano, si passò a ragionare sugli scopi, sui programmi, sulla denominazione, sullo statuto. Ci si riuniva in quella che era stata la Casa d'Italia, una struttura creata negli anni della dittatura fascista, poi confiscata dal governo canadese all'inizio della Seconda Guerra Mondiale, poi retrocessa alla comunità italo-canadese, che vi aveva insediato il Costi (Centro Organizzativo Scuole Tecniche Italiane), e infine, grazie a un cavillo giuridico, entrata a far parte delle proprietà dello Stato italiano, sebbene essa fosse stata edificata con il denaro e i sacrifici degli immigrati.

Tutto quel gran discutere arrivò a dar frutti: finalmente, venne scritto e approvato il testo dello statuto e ci si accordò sul nome del nuovo sodalizio: Federazione delle Associazioni e dei Clubs Italiani, che ben presto divenne per tutti la "Faci". Nell'Aprile del 1970 si svolse l'assemblea fondativa presso l'Italian Recreation Club, fu sottoscritto l'atto costitutivo e si tennero le elezioni per il primo Comitato Direttivo. Le cariche sociali vennero cosí attribuite: presidente Lorenzo Petricone, Vice Presidenti Elio Costa e Elio

Madonia, Consiglieri Odoardo Di Santo, Dante Francescut, Laureano Leone, Carmine Nepa, Rino Pellegrino, Bruno Suppa, Sigismondo Zonni e io stesso.

Non mancarono dissensi, ma il Direttivo si mise subito al lavoro, affrontò problemi di primaria importanza per la comunità e rapidamente ottenne anche risultati positivi. Gli infortuni sul lavoro costituivano il maggior cruccio: allora era in atto un vero e proprio boom edilizio, gli imprenditori davano scarsissima attenzione alla prevenzione e gli infortuni, troppo spesso mortali, erano tantissimi, ma non c'era niente da fare: ai lavoratori veniva dato sempre torto, perfino da parte dei sindacati. La Faci scelse di concentrare il proprio lavoro sopra tutto sull'attività lobbystica in favore degli infortunati e delle relativa famiglie, il che portò a conseguire successi nei quali mai nessuno aveva osato sperare. Ci si occupò delle Vocational Schools, verso le quali venivano indirizzati quasi tutti i figli degli immigrati italiani, privati in tal modo della possibilità di conseguire sbocchi professionali diversi da quelli di infimo profilo. Di questo argomento, però, e delle radicali trasformazioni alle quali esso venne sottoposto, si ragiona in altre parti di questo libro. Altra grossa questione era quella della cittadinanza. Il Direttivo s'impegnò a fondo per promuovere presso i governi provinciali e presso quello federale l'accelerazione delle procedure burocratiche, riuscendo a ottenere, tra l'altro, la riduzione da 5 a 3 anni del periodo minimo di residenza per acquisire il diritto di diventare cittadini canadesi.

Le conquiste che raggiungevamo con l'attività della Faci non venivano salutate entusiasticamente solo nell'ambito della comunità, ma riscuotevano anche importanti apprezzamenti nelle sedi istituzionali. La Municipalità ci riconosceva come unica entità veramente rappresentativa degli italo-canadesi e la generalità delle autorità costituite si mostrava piú che soddisfatta d'avere a disposizione un interlocutore stabile, rigoroso e affidabile. Da ciò scaturí ben presto una concessione di fondamentale importanza: la messa a disposizione di una sede a fronte di un canone d'affitto puramente simbolico. Si trattava di un solido e spazioso edificio al 756 di Ossington Avenue, dove fu possibile allocare non solo gli uffici della Faci, ma una ben fornita biblioteca, ambienti di svago e intrattenimento e diverse sale per riunioni e attività culturali.

Insomma, avevamo avviato un nuovo processo, autonomo e irreversibile, che avrebbe instaurato a tutti i livelli l'autogestione della comunità, di questa profondamente mutando volto e capacità d'azione nel complessivo contesto sociale.

Ci si integrava sempre piú strettamente nel tessuto socio-culturale canadese, da un lato consapevoli della propria identità storica e inoltre orgogliosi di contribuire all'edificazione di una nuova nazione. Veniva progressivamente superata la dicotomia tra l'essere italiani e l'essere canadesi, acquisendo la mentalità di "canadesi di cultura italiana". Cresceva, in tal modo, la capacità di operare e raggiungere nuovi traguardi in autonomia, in forza della propria intelligenza e grazie a un bagaglio di esperienza non piú assimilata per "sentito dire" ma responsabilmente acquisita in prima persona.

A un certo punto, però, nel corso di questa progressione cosí innovativa e avvincente, sopraggiunse qualcosa che avrebbe ulteriormente complicato i già non idilliaci rapporti con le autorità diplomatiche della madrepatria. Correva l'anno 1971 e da Roma il Ministero degli Esteri ordinava la creazione nei Paesi dell'emigrazione italiana dei Comitati Consultivi Consolari presieduti dai Consoli presenti nelle diverse circoscrizioni.

Al Console Generale allora in carica venne spiegato che un nuovo organismo rappresentativo degli italo-canadesi, tanto piú se imposto dall'alto, avrebbe certamente generato una situazione conflittuale con le realtà associative preesistenti e germinate spontaneamente. Purtroppo, fu vano il tentativo di dissuadere dal frammentare di nuovo la comunità. Il Console Generale convocò un'assemblea presso la Casa d'Italia. La riunione fu affollatissima e il confronto tra gli opposti schieramenti raggiunse toni piuttosto aspri. Alla resa dei conti, il 90% dei presenti risultò contrario all'istituzione del Comitato Consolare. Tuttavia, il Console Generale, sfidando un'opposizione cosí massiccia, formò il Comitato, chiamando a farne parte persone rigorosamente di sua fiducia. Quello fu soltanto il preludio di uno stato di tensione, spesso segnato da contrapposizioni durissime, che si sarebbe trascinato per diversi anni. Poi, le cose andarono ammorbidendosi. Si susseguirono varie iniziative tendenti a stabilire un dialogo costruttivo e vi furono aggiustamenti normativi che conferivano una qualche effettiva utilità operativa ai Comitati Consolari. Sopra tutto, venne introdotto il ricorso al metodo democratico per la composizione dei Comitati, mediante l'elezione dei loro componenti da parte della comunità.

Occorre anche dire che i rapporti con le autorità diplomatiche variavano assai a seconda delle persone investite del ruolo di Console Generale. Quando c'era saggezza, anche davanti gli ostacoli normativi si riusciva quasi sempre a trovare soluzioni di accomodamento. A Toronto v'è stato piú d'un Console Generale dotato di elevata preparazione culturale e di attitudine al dialogo con l'associazionismo spontaneo. Altri, che venivano etichettati come "consolicchi", si sono impegnati piú volte nel riportare all'indietro le lancette dell'orologio della storia. Ce ne fu uno che per nient'altro smaniava se non per assicurare a se stesso la guida della comunità italo-canadese e il controllo di persone e organizzazioni, tanto da attivare una sorta di supermarket delle onorificenze: elargiva cavalierati a qualsiasi illustre sconosciuto che assicurasse pieno sostegno alla strategia tendente a ricostituire la piena dipendenza della comunità dal potere consolare. Ma, tutto sommato, quella strategia si risolse in un naufragio senza scampo.

Insomma, non si può ignorare che negli anni in cui andavamo faticosamente creando il nuovo modello di rappresentanza della comunità e le conseguenti strutture a base democratica, per parte sua la madrepatria si desse da fare per ostacolare tutto ciò.

In luogo di affrontare temi adeguati alla nuova realtà, quali quelli della promozione della cultura e dell'innovatività italiane, l'atteggiamento fondamentale di gran parte della diplomazia rimaneva sempre saldamente ancorato ai vecchi schemi paternalistici, dei quali gli Italian Canadians avevano ormai sempre meno bisogno. Gli emigrati e i loro discendenti venivano considerati non come cittadini culturalmente evoluti, in grado di valorizzare nei mercati stranieri le attrattive turistiche e produttive della madrepatria, ma come docile massa sulla quale far rifluire superflue cianfrusaglie clientelari in cambio di sostegni elettorali alle varie forze politiche operanti in Italia. A tal fine, si creavano organismi all'interno dei quali vigevano le logiche della politica italiana, con i rappresentanti dei partiti travestiti da esponenti di associazioni filantropiche, umanitarie, assistenziali, etc.

Nel '72, tornando alla FACI e alla comunità, ci fu il rinnovamento delle cariche. Le elezioni videro la netta spaccatura tra la componente progressista e quella conservatrice: questa riuscí a imporre alla presidenza Elio Madonia. Sebbene Madonia fosse un riformista, l'ostilità nei suoi confronti fu l'elemento determinante per la nascita di quella che presto sarebbe diventata la massima organizzazione dell'immigrazione italiana: il Congresso Nazionale degli Italo-Canadesi.

L'idea del Congresso era frutto dell'elaborazione del deputato federale Carletto Caccia. Personalità di spicco del Liberal Party, Caccia era nato a Milano, s'era laureato in scienze forestali a Vienna nel 1954, era arrivato in Canada nel 1955, fu tra i fondatori del COSTI nel 1959 e poco dopo abbracciò la vita politica. Fu tra i sostenitori del "melting pot", cioè tra coloro che alla tutela delle culture originarie degli immigrati preferivano l'omologazione generalizzata alla cultura egemone, tant'è che cambiò in Charles il nome di battesimo, salvo a tornare all'originario Carletto parecchi anni dopo, quando il multiculturalismo sarebbe diventata la nuova religione civile del Canada. Caccia fu comunque sempre un progressista a tutto tondo, costantemente schierato contro l'arretratezza e le ottusità dell'establishment vecchio stile, e seppe guadagnarsi larghissimo seguito sopra tutto tra i giovani. Purtroppo, i suoi atteggiamenti venati di dogmatismo e qualche eccessiva dose di cinismo finirono col fargli progressivamente perdere contatto con la realtà, determinandone il tramonto politico. Abile e affascinante, aveva ottenuto un successo che fece epoca allorché, nel 1966, venne rieletto Consigliere Comunale di Toronto gareggiando in una circoscrizione completamente anglofona. Un'impresa cosí clamorosa aveva avuto un unico e lontano precedente con Joseph Piccininni, il quale tuttavia in Canada c'era nato, mentre Caccia era nato, era cresciuto e s'era formato in Europa. Due anni dopo, candidato in una circoscrizione a forte presenza di elettori d'origine italiana, venne eletto deputato federale. Se Caccia non fu il primo italiano a sedere sui solenni scranni del Parlamento di Ottawa, perché già prima della Seconda Guerra Mondiale lo erano stati Badanai di North Bay e Macaluso di Hamilton, egli fu certamente quello che all'epoca seppe salire piú in alto di qualsiasi altro. Chiamato a reggere il Ministero del Lavoro, non ebbe un gran successo, ma nel successivo ruolo di Ministro dell'Ambiente s'impose all'ammirazione di tutta la nazione.

Insomma, nel momento della crisi all'interno della FACI, nel '74, Caccia era un politico di rango, molto autorevole, dotato di una visione lucida e d'alto profilo: comprensibile, dunque, che riuscisse a determinare rapidamente la larga aggregazione fautrice del Congresso Italo-Canadese. All'atto della fondazione, primo presidente del Congresso venne eletto Alfredo Campo, un industriale del petrolio assai in vista a Montreal. In quei momenti, tutti eravamo convinti che, di fronte alla nuova realtà, sorta chiaramente in contrasto con la FACI, Madonia avrebbe scatenato una lotta fratricida. Invece, Madonia fece tutt'altro, attivando una costruttiva e leale collaborazione tra FACI e Congresso, tanto che successivamente egli stesso volle che a succedergli quale Presidente della FACI fosse Laureano Leone, cioè la personalità, da lui politicamente ben distante, con cui aveva intessuto un fervido rapporto di stima e simpatia nel corso della paziente opera di tessitura condotta per fugare le conflittualità in seno alla comunità italo-canadese.

Lasciata la FACI, Madonia puntò a diventare membro del Parlamento dell'Ontario, ottenendo la candidatura sotto le insegne del partito conservatore. Ma l'impresa era tutt'altro che facile, perché gli italo-canadesi della circoscrizione in cui era candidato votavano tradizionalmente per il Liberal Party oppure per l'NDP. Infatti, non venne eletto: del resto, il suo competitor era un vero cavallo di razza. Quella sconfitta determinò la conclusione della breve stagione di Madonia da uomo politico e il ritorno a tempo pieno a quel ruolo di imprenditore nel settore delle bevande analcoliche e del latte che gli ha sempre garantito grandi soddisfazioni. Successivamente, ritiratosi dagli_affari, Madonia aprí una missione evangelica per l'assistenza dei bambini orfani nella Repubblica Dominicana.

Il "cavallo di razza" risultato vincitore della tornata elettorale per il Parlamento dell'Ontario era Odoardo Di Santo, autentico "homo politicus" divenuto ben presto uno dei protagonisti della vita pubblica canadese. Era nato in Abruzzo, a Rocca Pia, nel 1934. Laureato in giurisprudenza alla Sapienza di Roma e giornalista professionista al quotidiano La Giustizia, negli anni 1965-'66 aveva diretto l'ufficio stampa del Ministro dell'Industria Edgardo Lami Starnuti e nel 1967 era emigrato a Toronto, dove svolse un'intensa attività come giornalista d'inchiesta che lo rese particolarmente famoso a seguito dei numerosi servizi sul vasto e gravissimo fenomeno degli infortuni sul lavoro.

Laureano Leone proveniva anche lui da Rocca Pia, era stato segretario regionale per l'Abruzzo delle Acli (Associazioni Cristiane dei Lavoratori Italiani) e nel 1950 era arrivato nel Nord America, dove sei anni dopo si sarebbe laureato in farmacia al Detroit Institute of Technology. Non appena eletto alla presidenza della FACI, s'adoperò per realizzare la fusione con il Congresso, il che rapidamente avvenne, facendo della FACI la sezione di Toronto del Congresso. Fu poi egli stesso eletto Presidente del Congresso nel 1976 e ancora nel 1978. Lavorò molto bene con il governo Trudeau su molti progetti comunitari, in particolare interagendo con i ministri responsabili del multiculturalismo, diventata la principale politica ufficiale del Canada.

Fu quella una stagione distinta da una straordinaria intensità collaborativa tra Governo federale e Congresso Nazionale degli Italo-Canadesi, non solo per quanto riguardante le problematiche della comunità. Grazie all'impulso di Leone, si ottenne, tra l'altro, la nomina di italo-canadesi quali membri di numerose commissioni governative e, per la prima volta, due italo-canadesi ebbero accesso agli ambitissimi seggi senatoriali: Pietro Rizzuto, imprenditore di Montreal, e Peter Bosa, persona di leggendaria integrità, broker assicurativo, piú volte eletto consigliere comunale di York, molto amato e stimato nell'ambito della comunità.

Leone, al termine del secondo mandato da Presidente del Congresso, optò per l'impegno in politica e venne eletto deputato al Parlamento dell'Ontario nelle file del Liberal Party. Il Congresso Nazionale degli Italo-Canadesi seguitò a svolgere un ruolo importante in campo nazionale, in particolare negli anni che ne videro alla presidenza due donne di eccezionale qualità: Maria Minna e Annamaria Castrilli.

Devo dire che, nonostante qualche fase di appannamento della sua funzione e delle sue attività, il Congresso non è mai venuto meno a quelle due parole d'ordine che furono il collante e il carburante della sua fondazione: "Il bene comune è la ragione che ci unisce" e "Il dialogo è il solo mezzo per intenderci".

Sta di fatto che sopraggiunge una fase di indebolimento del Congresso, quale forza rappresentativa della comunità, il che accade inevitabilmente perché ormai sussiste una larga presenza diretta degli italo-canadesi nelle istituzioni. Ciò dà inizio a un nuovo corso, quello del successo politico, che vedrà un numero sempre maggiore di Italiani eletti ai vari livelli di governo, dai locali al federale, sino ai piú alti ranghi. Dibattiti, confronti e decisioni, ormai, si spostano dalle salette degli edifici comunitari alle aule dei Municipii e dei Parlamenti. Esamineremo successivamente, in modo piú approfondito, questo argomento.

La comunità italo-canadese è sempre piú matura, definitivamente pronta a assumere ruoli direttivi in ogni settore della vita sociale, politica, economica e culturale.

7

Villa Colombo e il Columbus Centre

Prima di tentare la prova elettorale e perciò prima ancora di lasciare la presidenza della FACI, Madonia, dotato di ottime qualità pragmatiche che gli avevano aperto le porte del successo nel mondo degli affari, aveva convinto il Direttivo a istituire una fondazione per portare avanti la realizzazione di un progetto voluto da gran parte della comunità, ossia la creazione di una casa di riposo per gli anziani.

La fondazione, cioè la "Italian Canadian Benevolent Corporation", mirava a convogliare energie e risorse provenienti dalla componente benestante della comunità allo scopo di svolgere un'azione filantropica che prescindesse dal perseguire riforme strutturali e, invece, basata su un orientamento di tipo caritatevole, insomma sull'assistenzialismo. Ne nacquero realizzazioni importanti, non solo la grande e confortevolissima residenza per anziani "Villa Colombo" ma anche il prestigioso "Columbus Centre": realizzazioni che offrivano ai bisogni della comunità risposte utili ma non socialmente risolutive.

La Benevolent Corporation attrasse un nuovo gruppo di "prominenti" e "nouveau riches" e conseguí un'espansione notevole della base associativa e delle proprie attività. La democraticità della rappresentanza della comunità ne venne definitivamente accantonata, sebbene vada riconosciuto che il nuovo corso della Benevolent Corporation (che si chiamerà poi Villa Charities) sia riuscito, dopo parecchi anni, a lasciarsi alle spalle una buona dose dell'originaria retorica del folclore e della nostalgia.

Alla guida della "Benevolent Corporation" venne chiamato un uomo nuovo, Tony Fusco, del quale avremo modo di parlare estesamente. A questo punto, occorre ribadire che il faticoso processo avviato per dar vita a un nuovo modello di rappresentanza della comunità, e alle conseguenti strutture su base democratica, veniva sacrificato sull'altare della realizzazione delle grandi opere.

L'idea della residenza per anziani era nata tra gli italo-canadesi della vecchia immigrazione, i cui modi di vedere le cose erano ben differenti rispetto a quelli dei nuovi immigrati, affluiti negli anni successivi alla Seconda Guerra Mondiale. Il punto d'incontro fu proprio il progetto di Villa Colombo, intorno al quale cominciarono a far massa vecchi e nuovi immigrati.

Il 15 Aprile del 1971 la Italian Canadian Benevolent Corporation veniva ufficialmente fondata. A parte John De Toro, esponente della vecchia generazione chiamato al ruolo di Presidente, i membri del primo Direttivo erano gli stessi dirigenti della FACI: Elio Madonia, Lorenzo Petricone, Carmen Nepa, Odoardo Di Santo, Bruno Suppa, Laureano Leone, Elio Costa, Alberto Di Giovanni, Lorenzo Duso, Rino Pellegrina, Steve Perzia e Sigismondo Zonni.

Poi, Madonia ebbe l'intuizione della mossa risolutiva per avviare l'iniziativa verso il successo e espresse la capacità necessaria per tradurre l'idea in realtà: azzerare il gruppo dirigente appena insediato e rimpiazzarlo con personaggi in grado di attirare ingenti supporti finanziari. La nuova squadra entrò in carica già nel Settembre dello stesso 1971. C'era ovviamente De Toro e c'erano Joseph Carrier e Tony Fusco. Sarà poi quest'ultimo a prendere saldamente in mano le redini dell'iniziativa, che progressivamente raccoglie il sostegno dell'intero establishment italo-canadese, a cominciare da Orey Fidani e Angelo Del Zotto, annoverati tra i principali contribuenti canadesi.

Il 15 Ottobre del 1974, dopo una miriade di iniziative che avevano portato a raccogliere milioni di dollari per la realizzazione dell'opera, veniva posta la prima pietra di Villa Colombo, una struttura concepita in sintonia con il gusto dell'architettura classica italiana, capace di accogliere circa 200 ospiti. L'inaugurazione della struttura, nell'Aprile del 1976, fu un trionfo multinazionale, al quale diedero risalto, tra gli altri, personaggi del calibro di Perry Como, Rossano Brazzi e Jerry Lewis.

L'entusiasmo generato da Villa Colombo diede ali per la realizzazione di tante altre strutture progressivamente innalzate tutt'intorno, tra le quali l'imponente Columbus Centre, inaugurato nell'Ottobre del 1980.

Tutte le grandi città canadesi stanno vicinissime alla linea, lunga migliaia di chilometri, che separa Canada e Stati Uniti. Piú vicina di tutte ci sta Toronto: le sue spiagge sul Lago Ontario si trovano a uno sparo di fucile dall'immaginaria linea di confine che solca la massa acquatica.

Un po' piú corposa, invece, è la distanza tra Toronto e New York, che, in linea d'aria, equivale a quella tra Genova e Napoli. A ravvicinare le due città c'è la comunanza del ruolo di principale metropoli di ciascuno dei due colossi nord-americani e c'è anche una parentela toponomastica: infatti, il nome York era stato usato da John Graves Simcoe anche per battezzare l'aggregato di villaggi e fortificazioni sulla riva dell'Ontario in cui egli aveva insediato il Governatorato dell'Upper Canada.

Dopo una quarantina d'anni, nel 1834, con il trasformare York in Toronto, c'era stata un'altra esibizione di parsimonia inventiva. Gli inviati di Sua Maestà Britannica, infatti, nel caso di Toronto, come pure avrebbero fatto con Canberra, la capitale australiana, s'erano avvalsi d'una parola che, nella parlata locale, equivaleva all'espressione inglese "meeting place". Cosí, Toronto vuol dire "luogo d'incontro".

Con nomi comuni come "toronto", gli antichi padroni dei territori incorporati nell'impero britannico indicavano luoghi effettivamente deputati a un'essenziale funzione socio-culturale, cioè ai periodici incontri tra comunità sparpagliate su vastissime estensioni.

Tutt'altro intendevano gli inglesi. Per loro, i "meeting places" dovevano essere siti industriali, punti d'intersezione dei traffici commerciali, centrali di accumulazione delle plusvalenze del capitale e basta. Robe pericolose, come assembramenti di popolo e pubblici scambi di idee, erano del tutto malviste: dunque, niente piazze per le città fondate nelle colonie.

Infatti, i tre milioni d'abitanti di Toronto possono contare solo su due piazze che non siano semplici slarghi spartitraffico e si richiamino al concetto europeo e in particolare italiano di "piazza", cioè di spazio per i giochi dei ragazzi, il passeggio, il riposo, la conversazione, gli scambi di merci e idee.

C'è quella davanti il nuovo Municipio, che a ogni Capodanno ospita una foresta mozzafiato di sculture di ghiaccio, e c'è la piazza, coperta da una gigantesca volta di cristallo, che fa da spina dorsale a Eaton Centre, lo spettacolare centro commerciale che sta al centro del centro della metropoli. Ma, l'una realizzata nel 1965 e l'altra nel 1979, entrambe le piazze vanno ascritte non all'impronta britannica bensí a quella della nuova Toronto, frutto in gran parte dell'influenza autorevole e dilagante che sullo stile di vita locale ha preso a esercitare, da un certo punto in avanti, il buon gusto italiano.

C'è chi ha teorizzato il Columbus Centre come la terza piazza di Toronto. È una teoria brillante, basata, ovviamente, non sulla materia architettonica bensí su ragion d'essere e funzioni del Columbus, che è un vastissimo complesso, costruito e finanziato dalla comunità italo-canadese. È di sobria bellezza all'esterno (mattoncini rossi e cristalli) e di elegante funzionalità all'interno. Contiene di tutto: auditorium, galleria d'arte, biblioteca, libreria, piscina coperta, palestre, campi sportivi, uffici, ristoranti e caffè.

È frequentato annualmente da decine di migliaia di persone, tra le quali ormai numerosissime quelle che nulla hanno di italiano e che invece sono attratte prepotentemente dallo stile e dall'efficienza all'italiana.

Perciò, sí, si può vedere nel Columbus la terza piazza di Toronto! È famoso, prestigioso e da tutti ammirato con entusiastico rispetto per la creatività italiana che l'ha prodotto. Gli ideatori lo vollero «*affinché tutti i canadesi avessero un nuovo e ben visibile motivo per continuare a guardare gli italiani con rispetto e ammirazione ... affinché esso determinasse un genuino sentimento di orgoglio e alimentasse identità e appartenenza negli italo-canadesi ... affinché esso generasse spirito di fratellanza e aiutasse a crescere tutti insieme, coltivando i valori della tradizione italiana in un sano e moderno ambiente canadese*».

Non si sarebbe potuto inventare niente di meglio per innalzare un monumento – utile e non retorico – in memoria delle migliaia di italiani che, arrivati con le valigie di cartone fasciate con lo spago, hanno poi in gran parte costruito materialmente e moralmente il Canada.

Accanto al Columbus Centre sorge Villa Colombo, la vasta e confortevole residenza per anziani che ha avviato l'urbanizzazione all'italiana di questa ampia porzione della città. Entrambe le strutture sono governate da Villa Charities, organizzazione con finalità socio-umanitarie che da sempre fa capo alla grande imprenditoria italo-canadese.

Nei suoi primi quattro anni di vita, il Columbus Centre, per l'eleganza architettonica e le eccellenti dotazioni strutturali, costituí una notevole attrazione, sia per gli italiani come pure per larga parte della borghesia di Toronto. Tuttavia, sorsero lamentale per essere diventato un posto alla moda, un po' troppo costoso. Poi, nel Maggio del 1984, ci fu una svolta, con il trasferimento presso di esso della sede del Centro Scuola e Cultura Italiana. Era stato l'architetto Renzo Pillon, allora Presidente del Columbus e probabilmente il migliore tra quelli che hanno ricoperto quel ruolo, a sollecitare non soltanto l'inserimento del Centro Scuola ma anche l'assunzione da parte mia dell'incarico di curare l'intrapresa di attività che introducessero nella struttura la prassi di una serrata dinamica artistico-culturale.

Fu cosí che, fino al 2011, il Columbus, accanto all'originaria ragion d'essere, fatta di gastronomia, fitness e meetings d'affari, conobbe una rigogliosa fioritura di programmi artistici e educativi. Vi funzionavano gruppi corali e sportivi, attività dall'asilo nido ai corsi musicali pre-conservatorio, ogni genere d'iniziativa socializzante per maschi e femmine di tutte le età. Si facevano a getto continuo concerti, serate teatrali e mostre d'arte. Tanto per citare un piccolo esempio, solo la mostra internazionale dei presepi, che proponevamo nel periodo natalizio, dall'8 Dicembre al 6 Gennaio, registrava quotidianamente l'afflusso in media di 300 ragazzi provenienti dalle scuole cittadine, raggiungendo ogni anno un totale di 8.000 visitatori. Il vasto atrio, le sale di studio e di spettacolo, la galleria espositiva e la ricca biblioteca erano animate da mattina a sera da un incessante movimento, del quale i giovani sono sempre stati il motore principale. Piú, in generale, anche grazie alla vivace frequentazione dei ristoranti, delle palestre e delle altre strutture in funzione, il Columbus era diventato un punto d'incontro, un luogo aperto, una vera "piazza" all'italiana, dove ci si dava appuntamento per fare conversazione, scambiarsi notizie e trascorrere piacevolmente qualche scampolo di tempo libero.

A un certo punto, però, cominciò a diventare una difficile convivenza quella tra le componenti commerciali e culturali. Le ragioni profonde di questa involuzione credo di poterle individuare nella inespressa contraddizione che ho sempre percepito tra le ragioni ispiratrici della stessa nascita del Columbus: la grandiosità delle buone intenzioni accoppiata con una modesta attitudine a concretizzarne i valori estetici e sociali. Illuminante è il caso di Tony Fusco, un imprenditore geniale e di successo. Fusco aveva soldi e visione: senza di lui, Villa Colombo e il Columbus Centre di sicuro non si sarebbero fatti. Tuttavia, con lui ci furono diversi errori, specialmente nelle scelte culturali. Una volta glielo dissi. Lui mi rispose aggiustando a modo suo un antico proverbio scozzese: «*Chi suona il piano, decide il tono!*». E io, con la sincerità un po' dura ma non ostile che mi è propria: «*Giusto, ma, se quel qualcuno non sa come si suona?*».

È ovvio: al di là di una certa insofferenza per la vivacità culturale, nel management del Columbus è andata affermandosi quella visione riduttiva che attribuisce validità solo a quanto produce introiti immediatamente, il che porta a retrocedere l'investimento in cultura verso il fondo di qualsiasi scala valoriale. Eppure, le intenzioni erano state in partenza piú che buone.

Basti pensare alla gran festa annuale di Villa Charities, alla quale partecipa la "crème de la crème" dei magnati di Toronto. L'accesso alla festa ha costi elevatissimi, che tutti sopportano tranquillamente, sia perché esso non è tale da impensierire quelle tasche ben imbottite sia perché ne viene vantata la finalizzazione al finanziamento dei programmi culturali del Columbus. Mediamente, l'incasso della festa frutta un margine utile di 1,5 milioni di dollari. Ma, quel denaro, di certo, non è mai andato a sostegno di programmi culturali di rilievo.

Tanto per citare un unico caso, l'eccellenza dei risultati artistici conseguiti ebbe a fruttare per il Palestrina, uno dei cori nati in seno al Columbus, il privilegio di cantare, il 16 Novembre del 2002, insieme con la Toronto Symphony, cioè con la piú prestigiosa orchestra del Canada, nella grandiosa cornice della Roy Thomson Hall. Per dirigere il concerto, venne appositamente dall'Italia Gianandrea Noseda, uno dei piú eminenti direttori d'orchestra del panorama internazionale. Gli oltre 2.600 posti della Roy Thomson Hall erano tutti gremiti. A rappresentare il Columbus, però, non c'era nessuno, quella sera.

Registro con amarezza gli infelici sviluppi nella conduzione del Columbus Centre: gli Italian Canadians e l'intera Toronto meriterebbero che una struttura di cosí gran pregio non si limitasse a funzionare alla maniera di un qualsiasi attrattore di consumatori di servizi ma tornasse a mostrarsi quella fucina di bellezza e creatività e quell'allevatrice di giovani talenti che per tanti anni ha saputo essere.

Tuttavia, qualcosa di nuovo e diverso sembra profilarsi: ultimamente, grazie anche alla visione dell'attuale Amministratore Delegato, Palmacchio Di Iulio, si parla per il futuro di un nuovo Columbus Centre, che disporrà anche di un nuovo teatro. Già con il suo predecessore, Paolo Ariemma, che dopo l'incarico al

Columbus fu assistente di Jack Murta, Ministro per il Multiculturalismo, c'erano state significative aperture verso gli ambienti culturali. Di Iulio sta andando oltre, in coerenza con la sua storia personale: ai tempi del liceo e dell'università era stato al nostro fianco in tante attività culturali, tra i promotori del Columbus era stato il piú fervente sostenitore dei valori culturali e il fautore della collaborazione con il Centro Scuola e la generalità delle organizzazioni culturali. È un tipico uomo del dialogo e un sapiente tessitore di rapporti ai massimi livelli governativi e dell'imprenditoria. Ci si aspetta molto dalla sua capacità di creare innovazione e promuovere una nuova primavera culturale del Columbus.

Pierre Trudeau, Primo Ministro del Canada (1968-79, 1980-84), il Senatore Peter Bosa e Alberto Di Giovanni.

Una delegazione di Italo Canadesi capeggiata da Gino Ventresca (ultimo a destra) incontra Paolo Rossi, capocannoniere ai mondiali di calcio di Spagna 1982 vinti dall'Italia.

Giulio Andreotti, Presidente del Consiglio dei Ministri dell'Italia, con Bob Rae, Premier dell'Ontario, e Alberto Di Giovanni.

Il Presidente della Repubblica Italiana, Oscar Luigi Scalfaro, in visita ufficiale in Canada (1997), con Sergio Marchi, Ministro del Commercio del Governo Federale del Canada, Al Palladini, Ministro del Commercio dello Stato dell'Ontario, e Alberto Di Giovanni.

Roma, Altare della Patria (6 Settembre 2002): Roberta Capua presenta Alberto Di Giovanni in occasione del premio "Italiani nel Mondo" conferito dalla fondazione "Marzio Tremaglia.

Tradizionale concerto di Natale del Centro Scuola e Cultura Italiana di Toronto: il coro della Schola Cantorum di Toronto diretto da Franca Di Giovanni al "North York Center for the Performing Arts".

Umberto Eco presenta "Il Nome della Rosa" in Canada (Toronto 1977), alla presenza di Giancarlo Boccotti direttore dell'Istituto Italiano di Cultura e di Alberto Di Giovanni, presidente del comitato della Società Dante Alighieri.

Roberto Benigni dopo una Lettura Dantis insieme con Caroline, Alberto e Annamaria Di Giovanni.

L'Onorevole Romeo Ricciuti, Presidente della Regione Abruzzo e successivamente Sottosegretario all'Agricoltura del Governo Italiano, il più assiduo politico Italiano nel frequentare il Canada, si congratula con Caroline Morgan Di Giovanni, Presidentessa della Commissione Scolastica Cattolica di Toronto.

Un gruppo di Studenti Italo-Canadesi in vacanza studio in Italia, insieme con i genitori, per una foto-ricordo davanti il Colosseo.

Italiani di Toronto festeggiano la vittoria dell'Italia ai Mondiali di Spagna con la partecipazione (secondo fonti ufficiali) di mezzo milione di persone: la più imponente manifestazione nella storia del Canada.

Gli Italo-Canadesi di Toronto insigniti dal Governo del Canada della Medaglia d'Oro "Onore al Merito" in occasione del 125° della fondazione del Canada (Ottobre 1992). Nella foto: Paolo Ariemma, Mery Bartolini, Padre Gianni Carparelli, Brent Chambers, Antonietta Ciccarelli, Steve Corvese, Manlio D'Ambrosio, Caroline Di Giovanni (in rappresentanza del marito Alberto Di Giovanni), Carmine Di Paola, Helen Lettieri, Maria Minna, Julius A. Molinaro, Fosca Montagnese, Lorenzo Petricone, Joseph Piccininni, Fortunato Rao, Assunta Scaini, Maria Sgrò, Joseph Sorbara (in rappresentanza del padre Sam Sorbara), Lisa Stefanini (in rappresentanza del padre Giancarlo Stefanini), Michael Tibollo e Michael Yealand. Assente Isa Scotti.

8

Successo economico e consapevolezza sociale

Credo di poter affermare con ragionevole sicurezza che la miglior raffigurazione sintetica della considerazione attualmene goduta dagli Italian Canadians resti il titolo con cui il Toronto Star, nell'edizione del 24 Maggio 1999, introduceva in prima pagina un ampio servizio sulla comunità italiana: "*It's chic to be Italian in the GTA*" (GTA = Area Metropolitana di Toronto). Se quella espressione ben fotografava l'atteggiamento anglosassone, il punto di vista degli Italian Canadians veniva non meno limpidamente riassunto mediante il sottotitolo "*Community holds dual identities*" nonché con il titolo utilizzato nelle pagine interne per gli approfondimenti: "*Italians feel at home in the GTA*".

In quel medesimo servizio venivano illustrati i risultati di un sondaggio condotto su un significativo campione della popolazione di Toronto. La domanda circa l'appartenenza identitaria nella quale ciascuno maggiormente si riconoscesse otteneva, nell'ambito del campione rappresentativo della comunità italiana, un esito giudicato sorprendente dall'articolista Donovan Vincent: il 73% aveva risposto "canadese", il 58% "torontina", il 49% "italiana", il 49% "rionale" e il 46% "religiosa". Richiesto di commentare quell'esito, avevo dichiarato «*That's not strange, because it indicates a high level of integration, yet strong ties to culture. It's not a contradiction*».

Sebbene parecchi italiani fossero emigrati in Canada fin dalla secondà metà dell'Ottocento, risale notoriamente al decennio 1955-65 la massiccia ondata immigratoria che dall'Italia ha riversato forza-lavoro scarsamente professionalizzata nelle imprese edili, ferroviarie, manifatturiere e dell'agro-alimentare. A distanza di mezzo secolo, gli Italian Canadians apparivano ben diversamente professionalizzati, cosí risultando le loro principali attività: 12% dirigenti, 21% professionisti, tecnici e commercianti, 18% impiegati amministrativi, 19% lavoratori specializzati. Quanto alla situazione anagrafica, il 66% di loro era nato in Canada, mentre l'87% di quanti erano immigrati prima del 1966 aveva acquisito la cittadinanza canadese.

Spiegavo cosí, sempre in quel servizio del Toronto Star, la nuova configurazione dello stato di cittadinanza per gli italiani:

> *That's largely due to the federal multiculturalism policy introduced in 1971 by Prime Minister Trudeau, an event which was a "turning point" for the community because it fostered a feeling of acceptance. I helped set up citizenship courts in schools and neighbourhoods for the tens of thousands of Italian-born people who happily pledged a citizenship oath to Canada. We did this because we felt citizenship is important. Many then felt obliged to partecipate in Canada's institutions and political system, especially voting.*

Quanto al successo economico, sono ormai lontani i tempi in cui gli italiani venivano chiamati "ditch-digger", "spaghetti-bender" o "wop". A partire dalla fine degli anni Sessanta, il benessere e la fortuna economica hanno registrato una costante progressione di crescita. Ne nasceva una nuova consapevolezza di sé, che ha fatto maturare per un verso la voglia di farsi avanti nella scala sociale e inoltre la disponibilità a partecipare alla vita pubblica: ormai, non c'è ambito nelle attività industriali e economico-finanziarie, come del resto in quelle politiche e culturali, in cui gli italiani non rivestano ruoli di primo piano e significativamente remunerativi.

Abbiamo parlato di una comunità sempre piú matura, pronta ormai a assumere un ruolo direttivo in ogni settore della vita sociale, sindacale, economica, politica e cosí via. In questo scenario è doveroso menzionare l'apporto delle donne italo-canadesi.

Prima tra tutte va citata Isa Scotti. Nata a Bari nel 1920, aveva incontrato a Napoli colui che sarebbe diventato suo marito: il brillante giornalista milanese Arturo Scotti. Entrambi, con le figlie Susanna e Rosanna, giunsero in Canada nel 1952. Due anni dopo, Artuto Scotti fondava assieme a Dan Iannuzzi il Corriere Canadese ma nel 1959 veniva prematuramente a mancare. Isa Scotti divenne direttrice della Italian Immigrant Aid Society, un ente morale di assistenza e guida per i nuovi arrivati dall'Italia. L'associazione, costituita nel 1950 presso la prima chiesa cattolica per italiani, che oggi è la St. Patrick Church, svolse una funzione di primo piano a beneficio degli italiani fino alla fine degli anni Sessanta, quando decise di confluire nel C.o.s.t.i.

Isa Scotti si dedicò all'attività assistenziale ma, consapevole della propria competenza e capacità, volle anche diventare una voce forte, determinata e incisiva dei suoi assistiti, abituandoli a considerarsi un'entità comunitaria e addestrandoli a sapersi autogestire. Non fu certo per caso che una personalità del genere diventasse un'antesignana di quel movimento femminile italo-canadese che nel 1975, Anno Internazionale delle Donne, sarebbe pervenuto a determinare una profonda trasformazione della comunità e a far conseguire alle donne di origine italiana successi mai immaginati prima di allora. Le figlie Susanna e Rosanna, già brillantemente distintesi nel corso degli anni universitari, furono tra le prime donne chiamate a funzioni direttive nell'apparato statale.

Altra personalità importante nell'ambito della dirigenza statale è stata Raffaella Di Pasquale in Di Cecco nel Ministero della Pubblica Istruzione.

Un personaggio che sarà a lungo costantemente tra i protagonisti della vita comunitaria è Maria Grifone. Nata nel 1945 a Guardiaregia, in Molise, giunge in Canada all'età di tredici anni.

Alla fine degli anni Sessanta, la troviamo impegnata con la Company of Young Canadians, dove incontra Roberto Bandiera, che sposa nel 1970 e con il quale condivide per oltre mezzo secolo l'impegno artistico e in seno alla comunità. C'è un episodio della loro vita che ha lasciato un ricordo indelebile in molti di noi. In quel tempo erano di gran moda, tra i canadesi d'ogni ascendenza, i pic-nic all'italiana, organizzati alternativamente dalla Chin e dal Corriere Canadese, sull'isola dell'Ontario che sta di fronte a Toronto. Proprio in occasione del pic-nic del 1970, curato dal Corriere Canadese, Maria e Roberto, affiancati da qualche altro collega, furono protagonisti della sbalorditiva rappresentazione in forma di pantomima di cui parlo nel cap. 14 (pag. 158). Rivedremo poi variamente, nel corso degli anni, Maria e Roberto impegnati in ambito sociale e culturale e nell'associazionismo regionale molisano e siciliano.

Intanto, nel 1973 era giunta da Agropoli la diciannovenne Giovanna Tozzi, che nel 1985 sarebbe diventata capo redattore del settimanale "Lo Specchio" e che nel 1979 avrebbe dato vita a "Donna", la prima rivista femminile del Canada e un'originale tribuna per la valorizzazione del ruolo della donna nella società canadese, le cui pubblicazioni si sono interrotte solo nel 2004.

Il 1975 fu segnato assai incisivamente dalla celebrazione dell'Anno Internazionale delle Donne. Si avviò da allora un processo, lento ma inarrestabile, tendente a liberare l'universo femminile dai troppi condizionamenti che ne ostacolano la piena realizzazione nei vari contesti sociali. Tra coloro che si impegnarono fortemente per tradurre in realtà i principi enunciati in occasione dell'Anno delle Donne vi fu Angela Nadin in Piscitelli, titolare di una carriera brillante nel campo educativo, tra l'altro come preside, e impegnatissima nelle attività comunitarie alle quali diede un notevole contributo.

Un'altra giovane donna subito assurta a ruoli di primo piano in seno alla comunità italo-canadese è stata Maria Augimeri, laureatasi in antropologia all'Università di York e poi orientatasi, anche grazie al matrimonio con Odoardo Di Santo, ad abbracciare la vita politica a livello municipale. Consigliere nel Municipio di North York e poi di Toronto, dopo l'incorporazione di North York nella Città Metropolitana di Toronto, Maria è stata ripetutamente rieletta, servendo la comunità per ben 29 anni di fila.

Nel ricordare alcuni esempi delle donne che hanno espresso il loro straordinario contributo alla formazione e alla modernizzazione della nazione canadese posso omettere di citare Caroline Morgan, solo perché lei è mia moglie? Nel corso di un programma tv, il giornalista Angelo Persichilli ebbe a definirla "una italo-canadese naturalizzata". Statunitense di Filadelfia dalle lontane origini irlandesi, Caroline fu determinante negli anni della grande trasformazione del sistema scolastico cattolico di Toronto. Nel 1987, fu la prima donna eletta Presidente del Consiglio d'Amministrazione Scolastico della Metropoli di Toronto. Considerando la mentalità allora dominante all'interno del mondo cattolico canadese, il risultato apparve di per sé rivoluzionario. Ma, la vera e propria rivoluzione arrivò subito dopo, allorché Caroline impresse svolte inaudite alla conduzione degli affari scolastici: partecipazione dei genitori alle decisioni, incisive riforme didattiche, nomine di presidi-donne, inserimento delle donne nei ruoli dirigenziali in genere, l'apertura del sistema scolastico all'interazione con i diversi gruppi linguistici e, grazie al suo rapporto "Ethnic Relation Policy", l'introduzione dell'insegnamento di numerose lingue nei corsi curriculari.

Edward Nellighan, Director of Education del Consiglio Scolastico Cattolico di Toronto, la definí "il miglior componente di sempre di questo Consiglio". Negli anni della sua presidenza, Caroline seppe distinguersi anche per le relazioni presentate in diversi convegni nel Nord America e per la pubblicazione di vari saggi sulla filosofia_dell'educazione. È stata anche consigliere comunale per la Metropoli di Toronto, esperienza nel corso della quale ha presieduto la delicata commissione speciale "Metro Task Force on Services on Young and Children".

La diffusa acquisizione di familiarità con l'inglese e con la "way of life" canadese ha rimosso dalla psiche italiana la timidezza e da quella anglo-sassone la diffidenza. Ha un suo lampante significato la circostanza che già da diversi anni vede il Corriere Canadese trasformato in un quotidiano bilingue, nel quale gli articoli in inglese detengono uno spazio quantitativamente non dissimile da quello riservato ai testi in italiano. Se, nel 1999, il Toronto Star sottolineava che ormai l'italianità è "cool", anche grazie all'innamoramento generale per l'arte, la cucina e lo stile di vita dell'Italia, come pure per le grandi firme della moda, Gucci, Versace e quant'altri, per parte sua il Corriere Canadese, in un servizio del 2 Febbraio 2003, nel domandarsi se anche gli italiani potessero considerarsi un popolo "fondatore", in aggiunta al britannico e al francese, sosteneva: «*The answer can be found in the awareness displayed by Italian-Canadians in living in Canada. All of them – those who left Italy because of their needs, those who were born here, and those who departed again for putting their abilities to the test – live this country as protagonists*». Del resto, i numeri indicano con chiarezza quale enorme peso, anche quantitativo, sia ormai quello degli Italian-Canadians, presenti praticamente ovunque nell'immenso territorio disteso tra l'Atlantico e il Pacifico e massicciamente concentrati nelle città principali: piú di 500.000 a Toronto, piú di 300.00 a Montreal, piú di 100.000 a Vancouver.

Si sente spesso ripetere l'espressione "sono gli italiani che hanno costruito Toronto". Ovviamente, questo è un modo di dire piuttosto iperbolico. Tuttavia, è certamente vero che all'edificazione di Toronto gli italiani abbiano contribuito in maniera straordinaria. Negli anni Settanta era molto in voga un aneddoto. Diceva che gli italiani immigrati nell'immediato dopoguerra, arrivati con l'idea di trovare un Paese dove le strade erano asfaltate con l'oro, scoprivano che le strade non solo non erano placcate d'oro ma che spesso nemmeno erano asfaltate e che perciò era con la loro fatica che avrebbero dovuto asfaltarle. L'edilizia, infatti, è stato il primo e fondamentale settore in cui l'immigrazione italiana ha trovato i suoi sbocchi lavorativi e poi anche quelli imprenditoriali. Dalla massa di centinaia di migliaia di operai immigrati, infatti, sono emersi anche intraprendenti capitalisti delle costruzioni: agli inizi del Novecento, Johnny De Toro era stato il primo di una nutrita schiera di italiani fondatori di imprese edili.

Per decenni, s'è trattato di costruire strade, ferrovie, ponti, viadotti e solo raramente qualche edificio, perché le case erano quasi tutte di legno. Poi, dopo la Seconda Guerra Mondiale c'è stato uno spettacolare boom edilizio, con il quale prese il via la costruzione dei grandi grattacieli commerciali e residenziali. Tra i primi a distinguersi in questo settore furono Nick Di Lorenzo e Elvio Del Zotto. Il primo, abruzzese di Torre dei Passeri, rivoluzionò i metodi di costruzione introducendo processi di prefabbricazione che gli procurarono strepitosi successi. Del Zotto, un avvocato friulano laureatosi in Canada, non solo diventò un imprenditore brillante e facoltoso, ma fu uno dei pochi appartenenti alla borghesia illuminata a impegnarsi in attività filantropiche, tra l'altro stabilendo un precedente del tutto inedito, per quei tempi, con i suoi corposi interventi per la promozione delle arti.

Negli anni a seguire furono molti a fare fortuna in edilizia: ne derivò una classe di *nouveau riches* molto potente, sebbene gli sfolgoranti successi economici non sempre vennero accompagnati da un incremento del livello culturale.

I tempi, ormai, erano cambiati e, negli anni Novanta, l'aneddoto delle strade d'oro venne soppiantato da una battuta attribuita al Primo Ministro Brian Moulroney: "I genitori italiani hanno costruito i grandi grattacieli, oggi sono i figli a esserne i proprietari".

Grandi storie di successo hanno alle spalle quasi sempre protagonisti d'eccezionale talento. Due esempi: Bratty e Cutruzzola. Rudy Bratty, figlio di un carpentiere immigrato nel 1922 dal Friuli è oggi una leggenda nel mondo canadese dell'edilizia: sempre generosamente presente nelle grandi iniziative socio-culturali della comunità, ha costruito migliaia di edifici e creato interi quartieri di Toronto, puntando rigorosamente alla massima qualità estetica e all'armonia con l'ambiente naturale. John Cutruzzola è il contractor calabrese che ha letteralmente trasformato il letame in diamanti. Yorkville era un lurido ammasso di stamberghe, baracche, magazzini e piccoli opifici: tutte cose fatiscenti e abbandonate che un investitore s'era trovato a possedere senza sapere cosa poterne cavare. Cutruzzola ebbe carta bianca e la disponibilità di uno stuolo d'architetti. Decise di non demolire neanche un muricciolo, ma di rendere prezioso ogni dettaglio di quel quartiere disgraziato e malfamato. Fu lui a indicare cosa e come si dovesse fare: oggi, Yorkville è un'icona dell'eleganza e una delle maggiori attrazioni di Toronto.

Esemplari, i notevoli successi di grandi famiglie: quella di Mario Cortellucci, originario della provincia di Teramo, legatissimo alla comunità e generoso finanziatore di attività filantropiche; e poi le famiglie De Gasperis, Muzzo, Baldassarre e tante altre. Va comunque notato che la fioritura di capitani d'industria d'origine italiana non s'è limitata al campo dell'edilizia, ma ha abbracciato i piú svariati settori, dagli alimentari alle assicurazioni, dal commercio alla finanza e cosí via, fino ai piú alti livelli.

Tanto per lasciar meglio percepire la variegata natura del fenomeno, vale la pena di menzionare qualcuno dei casi particolarmente significativi.

Mi riferisco in primo luogo a Sam Ciccolini, che non per caso viene affettuosamente soprannominato "il prezzemolo". Come avviene in cucina per questo delizioso prodotto dell'orticoltura, Ciccolini sta bene e funziona benissimo in qualsiasi contesto. Lui è nato in Italia, poi è cresciuto e ha studiato a Toronto e ha alle spalle quasi quarant'anni di impegno nel mondo imprenditoriale, in campo assicurativo e in diversi settori commerciali e industriali. E poi è una vera personificazione della filantropia: è tra i protagonisti delle multiformi realizzazioni benefiche di Villa Charities, si occupa attivamente e supporta un po' di tutto, dagli asili agli ospedali e allo sport, tra cui calcio e hockey.

Quanto mai significativo il caso di Gaetano Gagliano, siciliano di Cattolica Eraclea, arrivato a Toronto negli anni Cinquanta. Cominciò a lavorare per le ferrovie e poi mise in piedi una stamperia. Mentre faceva crescere la famiglia, infine allietata da 10 figli, faceva crescere a ritmo ancor piú incalzante l'azienda tipografica. Oggi, la sua "Communications" è la maggior impresa canadese del settore: un vero e proprio impero della comunicazione, che include giornali, riviste e reti tv.

Vorrei ora citare tre personalità che negli ultimi quarant'anni si sono costantemente distinte in seno alla comunità.

Comincio dal poliedrico Rocco Lofranco, originario della lucana Pisticci: eclettico parrucchiere, attivissimo in seno al Congresso Italo-Canadese e a Villa Charities, conduttore radiofonico di successo, protagonista nella raccolta fondi per il dopo-sisma dell'Irpinia e impegnatissimo attivista del Conservative Party. Entrato in sintonia con William Davis, altro nome storico d'eccellenza della politica Canadese, Premier dell'Ontario dal '71 all'85, Lofranco accompagnò Davis nel 1974 in un famoso viaggio in Italia e sopra tutto riuscí a attivare un canale di costanti relazioni tra la comunità italiana e il governo provinciale di allora. Molto attivo anche nel mondo sportivo, e' stato per diversi anni presidente della squadra di calcio Toronto Italia e della National Soccer League.

Voglio poi parlare di due friulani. Primo Di Luca, anch'egli molto impegnato in seno al Congresso Italo-Canadese e a Villa Charities e sopra tutto un essenziale pilastro, per tre lustri, della efficientissima Famee Furlane; a lui si deve molto sia quanto alla raccolta fondi per la ricostruzione del Friuli terremotato sia per il successo delle originali modalità di gestione di quei fondi; inoltre, Di Luca, che oggi è Console Onorario del Canada in Friuli, ha saputo sviluppare un efficacissimo interscambio commerciale tra la sua regione d'origine e l'Ontario.

Un ricordo affettuoso e commosso, infine, dell'avvocato Fred Zorzi, prematuramente scomparso: brillante socio di Del Zotto e attivo nel Congresso Italo-Canadese, guadagnò l'ammirazione generale per le qualità professionali e morali che ne lasciavano intravedere un avvenire da prestigioso leader. Resta indimenticabile la serata del primo incontro della comunità italiana con il Primo Ministro Trudeau: Zorzi rivolse a Trudeau un discorso dallo stile impeccabile e senza nessuna esitazione: «È giunta finalmente l'ora di riconoscere con azioni concrete il contributo italiano all'edificazione della nazione canadese e di rispettare i diritti linguistici delle minoranze». Fu un momento di fortissima densità etica e morale, i cui esiti segnarono una svolta storica per gli Italo-Canadesi.

Come trascurare Sergio Marchionne? Da Chieti, dove il padre era un compassato maresciallo dei Carabinieri, sbarcò in Canada a 12 anni d'età, mantenne una costante e apprezzata presenza nella realtà comunitaria e rapidamente guadagnò quei galloni di supermanager industriale che da Toronto lo hanno proiettato ai massimi livelli mondiali delle case automobilistiche.

Qualcosa di particolarmente inusuale, che coniuga creatività imprenditoriale e creatività culturale: Roberto Martella, titolare del *grano* (con la g minuscola) *Restaurant* in Yonge Street. Il *grano* è un innovativo locale di Toronto, che il *Globe and Mail* definisce cosí: «*It's a piazza where people come together to eat, meet and debate*». Discendente da una famiglia emigrata da Atri, in Abruzzo, dopo la Seconda Guerra Mondiale, Roberto Martella ha fatto del suo ristorante un luogo dove non solo si consuma un pasto, ma sopra tutto si socializza e si tengono iniziative tendenti a fare della gastronomia un evento socio-culturale.

Infine, un professionista esemplare che "sapeva trovare il tempo" per la sua comunità, il dottor Renzo Carbone. Originario della Calabria e laureato in medicina all'Università di Bologna, il dottor Carbone e' stato uno dei pochissimi professionisti che non solo ha servito la comunità come medico (ha curato anche una rubrica radiofonica e giornalistica sulla salute) ma era sempre presente a tutti gli appuntamenti comunitari, erano essi di natura organizzativa, culturale, umanitaria e sociale. Il suo nome e' rimasto legato alla comunità per oltre mezzo secolo suscitando consensi ed ammirazione.

9

L'ascesa al potere politico

Gli italiani, anche dopo essere stati "sdoganati" dalla condizione di emarginati adatti solo a funzionare come forza-lavoro, anche dopo essere stati accolti pienamente nel contesto comunitario, per gli anglo-sassoni rimanevano comunque un'entità a sé: sul piano sociale venivano considerati "gente da pic-nic", cioè persone gradite e simpatiche con cui si poteva piacevolmente socializzare, amabilmente star seduti intorno alla tavola imbandita, dilettevolmente intrattenersi al bar o sui campi da golf, lietamente far festa nel salotto buono o in giardino. "Gente da pic-nic", insomma: gradevoli compagnoni, baci e abbracci, ma niente di piú. Oh, naturalmente, massimo rispetto per il loro apprezzato apporto come imprenditori, dirigenti, artisti, tecnici, intellettuali e anche impiegati e operai, franca disponibilità a concludere affari e condurre imprese insieme con loro. Ma, "gente da pic-nic", volendo con ciò intendere che agli italiani non si poteva di certo riconoscere l'attitudine a occuparsi d'una questione tanto seria, praticamente sacra, qual è, nella tradizione anglo-sassone, la piú rispettata e rispettabile delle funzioni, cioè il governo della cosa pubblica.

C'è un episodio che testimonia come lo stereotipo di "gente da pic-nic" era e, in parte, rimanga tanto profondamente radicato nell'immaginario anglo-sassone da non apparire superato nemmeno dopo decenni di presenze italo-canadesi ai piú alti livelli di governo, locali e federali. Negli anni Novanta, in occasione di un suo viaggio in Italia, il Primo Ministro canadese Jean Chrétien, avendo deciso di visitare L'Aquila, volle che l'incontro con gli esponenti delle istituzioni e dell'imprenditoria avvenisse in forma di pic-nic in uno dei piú suggestivi parchi cittadini. La mia proposta di includere un momento artisticamente qualificato, quale poteva offrire una città d'arte quale L'Aquila, pur caldeggiata e portata avanti dal Ministro Sergio Marchi, fu ostacolata e trattata con arrogante rozzezza dall'ufficio del Primo Ministro. Tuttavia, in realtà va considerato che quello del Primo Ministro non era un atteggiamento di sufficienza verso gli italiani. Tutt'altro: era la vecchia certezza che quella del pic-nic fosse la forma migliore per dare testimonianza della propria disposizione amichevole.

Ma, se, fino al 1971, la presenza nella vita politica era stata alquanta scarsa, con l'avvento del Multiculturalismo (come lo intendevamo noi, cioè come partecipazione al potere politico) cominciò l'ascesa dei canadesi d'origine italiana verso i consigli municipali, i parlamenti provinciali e il parlamento federale. Ne furono eletti parecchi, ma alla notevole quantità non sempre corrispose altrettanta qualità, il che è stato tristemente vero un po' per tutti, non escluso il nostro Bel Paese. Comunque, non sono mancati politici italo-canadesi di buon carattere che hanno saputo distinguersi nella vita pubblica.

La confederazione canadese è governata da un parlamento federale e dai parlamenti provinciali, tutti con poteri legislativi e ciascuno con giurisdizioni ben definite. Per esempio, l'istruzione è di competenza provinciale e perciò, non esistendo un ministro dell'istruzione a livello federale, spetta ai ministri provinciali concertare tra di loro gli indirizzi e le iniziative di comune interesse. A livello federale c'è anche il Senato, i cui componenti sono però nominati, non eletti dal popolo.

A livello locale ci sono i consigli municipali, a ciascuno dei quali corisponde un consiglio municipale scolastico (Board of Education), responsabile per la gestione del sistema dell'istruzione, ivi compresi costruzione e funzionamento degli edifici scolastici, assunzioni e trattamento economico del personale docente e non docente. In ciascuna circoscrizione, il popolo elegge sia il proprio consigliere municipale sia quello scolastico (trustee).

L'ascesa al potere degli italo-canadesi a livello di consigli municipali e scolastici è stata relativamente semplice e nel corso degli anni è andata progressivamente espandendosi. Perciò, è praticamente impossibile passare in rassegna le miriadi di italo-canadesi chiamati a svolgere ruoli importanti per la vita quotidiana della generalità dei cittadini e per il futuro dei nostri figli.

Ben piú difficile e impegnativa è stata, invece, l'ascesa verso i parlamenti provinciali e sopra tutto verso il parlamento federale.

I primi eletti a Toronto furono Di Monte e Caccia, ambedue nelle file del Liberal Party. Dante Di Monte, nel Parlamento dell'Ontario dal 1967 al 1971, era un avvocato di origine friulana, "perfect gentleman", impegnato negli anni universitari quale primo presidente del Circolo Italiano dell'Università di Toronto e attivissimo in seno alla collettività friulana, però totalmente privo di scaltrezza e di "cattiveria" nell'agone politico. Nel 1968, venne eletto al Parlamento federale Carletto Caccia, che ho già avuto modo di citare, poi confermato per ben dieci legislature, fino al 2000, quando, per una di quelle strane "faide" che nei sistemi uninominali animano i retroscena di ogni "nomination", gli venne soffiata la candidatura. Caccia è stato anche il primo italo-canadese che abbia fatto parte del governo federale: fu Ministro del Lavoro dal 1981 all'83.

Successivamente, la presenza degli italo-canadesi nel Parlamento federale venne rafforzandosi sempre piú e, per molti anni, sempre con eletti nelle file del Liberal Party: Ursula Appolloni (1974, '79 e '80), Sergio Marchi (1984, '88, '93 e '97), John Nunziata (1984, '88, '93 e nel '97 come indipendente), Maurizio Bevilacqua (1988, '90, '93, '97, 2000, '04, '06, '08), Joe Volpe (1988, '93, '97, 2000, '04, '06, '08), Maria Minna (1993, '97, 2000, '04, '06, '08), Tony Ianno (1993, '97, 2000, '04), Albina

Guarnieri (1997, 2000, '04, '06, '08), Judy Sgro (elezioni suppletive del 1999, 2000, '04, '06, '08, '11). Gli eletti per il Conservative Party furono invece Paul Calandra (2008 e 2011) e Julian Fantino (elezioni supletive del 2010 e poi 2011).

Molti tra i parlamentari italo-canadesi sono stati chamati a incarichi ministeriali: Bevilacqua, Marchi, Minna, Volpe, Sgro, Fantino).

Di sicuro il nostro esponente politico di maggior successo, è stato Sergio Marchi, nato a Buenos Aires nel 1956 e arrivato giovanissimo a Toronto. Laureatosi in urbanistica e sociologia nel 1979 all'Università di York, nel 1982, appena a ventisei anni d'età, diventò Consigliere Comunale di North York (municipalità poi assorbita da Toronto), nell'84 fu eletto al Parlamento federale, dopo di che fu Ministro prima della Cittadinanza e dell'Immigrazione, poi dell'Ambiente e infine del Commercio Internazionale. Parallelamente, era il braccio destro in Ontario (la principale provincia della confederazione) del Primo Ministro Jean Chrétien. Nel 1999 annunciò il suo ritiro dalla vita politica per accettare l'incarico di Ambasciatore del Canada presso il World Trade Centre di Ginevra.

A rimpiazzare Marchi, il Primo Ministro Chrétien chiamò Maurizio Bevilacqua, proveniente da Sulmona e eletto parlamentare appena ventottenne, che ha avuto la responsabilità ministeriale per la scienza, la ricerca e lo sviluppo. Nel 2008, tra l'incredulità generale, annunciava le sue dimissioni da parlamentare per candidarsi, e poi effettivamente vincere, nelle elezioni a Sindaco della città di Vaughan. In sua sostituzione veniva eletto, ma nelle file dei conservatori, Julian Fantino, che aveva alle spalle una brillante carriera nelle forze dell'ordine. Fantino era stato il primo italo-canadese a ottenere l'incarico di Capo della Polizia della Metropoli di Toronto e sarà poi l'unico della nostra comunità a ricoprire un incarico ministeriale nel governo di Stephen Harper.

Altro ministro con una forte presenza nella comunità è stato Joe Volpe. Proveniente da Monteleone (Puglia) e con alle spalle una carriera scolastica come insegnante e vice-preside in una scuola superiore cattolica, Volpe rappresentava una linea di cambiamento nel Liberal Party, in seno al quale creò un gruppo molto "outspoken". Arrivò a diventare Ministro della Cittadinanza e dell'Immigrazione nel breve periodo del governo di Paul Martin.

Se il successo degli italo-canadesi a livello federale è stato abbastanza lusinghiero, esso è stato di notevole entità a livello provinciale, giungenedo per ben due volte a un passo dal vertice, con Greg Sorbara e Sandra Pupatello. Ma, procediamo ordinatamente.

Il 1975, dopo il "timido" successo di De Monte e la sua spiacevole uscita, vedeva l'improvvisa e alquanto insospettata affermazione di tre italo-canadesi nelle file dell'Ndp, il New Democratic Party, formazione che, per meglio intenderci, possiamo definire laburista o socialdemocratica. I tre neo-eletti, Odoardo Di Santo, Tony Grande e Tony Lupusella, avevano un passato da attivisti nella comunità e uno di loro, Di Santo, del quale s'è già avuto modo di parlare, aveva la politica nel proprio Dna. Tutti e tre seguitarono, anche nella nuova veste di parlamentari, a impegnarsi come attivisti, accendendo pensieri e passioni nei dibattiti all'interno della comunità.

I liberali intuirono che quei tre avrebbero sottratto loro una buona parte dell'elettorato, se non fosse stata avviata un'adeguata controffensiva: cosí, per il Liberal Party l'elezione di personalità italo-canadesi diventò una priorità. La controffensiva raggiunse un parziale successo al terzo tentativo, nel 1981, con Michele Spensieri. Tuttavia, il trio Di Santo-Grande- Lupusella, già rieletto nel 1977, veniva riconfermato anche nel 1981.

Soltanto nel 1985 i liberali riuscirono ad affermarsi, con l'elezione di Joe Cordiano, Claudio Polsinelli e Greg Sorbara, il quale ultimo sarrebe presto diventato l'astro nascente del Liberal Party. Poi, nelle elezioni del 1987, si aggiunsero Laureano Leone e Gino Mutrandola. Quella volta, i liberali conquistarono la maggioranza relativa e presero in mano il governo, dopo quasi mezzo secolo di egemonia del Conservative Party.

L'esperienza governativa dei liberali, però, risultò piuttosto scialba e povera di contenuti, tanto che nelle elezioni del 1990 il Liberal

Party registrava una pesante sconfitta. Sebbene nel governo Petersen fossero stati presenti due ministri italo-canadesi, Greg Sorbara e Remo Mancini (quest'ultimo appartenente al collegio di Hamerstburg-Windosr), la disillusione degli elettori colpí duramente, riservando il favore delle urne soltanto a Cordiano e Sorbara.

Cosí, per la prima volta nella storia dell'Ontario, sono i socialdemocratici dell'Ndp, guidati da Bob Rae, a conquistare il governo e a portare in Parlamento Anthony Perruzza, Rosario Marchese, Tony Silipo, Tony Rizzo e Giorgio Mammoliti. Gli italo-canadesi sono presenti nel governo prima con Rosario Marchese, Ministro della Cultura, e poi con Tony Silipo, Ministro della Pubblica Istruzione. Purtroppo, però, il serrato impegno di Marchese e Silipo non trova analoga dedizione da parte della pattuglia parlamentare italo-canadese.

Le successive elezioni, nel 1995, riportano al governo i conservatori, guidati da Mike Harris, un autentico reazionario. L'Ndp vede confermati solo Silipo e Marchese, mentre con i voti dei liberali vengono eletti Annamaria Castrilli, avvocatessa e accademica, già Presidente del Congresso degli Italo-Canadesi, Mike Colle, già distintosi a livello municipale, Joe Cordiano, Mario Sergio e, per la prima volta, Sandra Pupatello, che poi assurgerà ai piú alti livelli con il ritorno al potere del Liberal Party. Nella circoscrizione di Greg Sorbara, che salta "tatticamente" la tornata elettorale, viene eletto un conservatore assai popolare nella comunità, Al Palladini, che otterrà subito un incarico da Ministro.

Intanto, i liberali, usciti sconfitti dalle elezioni, avviano la ricerca di un nuovo leader. Tra gli altri candidati, spiccano due italo-canadesi: Joe Cordiano e Annamaria Castrilli. Già Sorbara, prima delle elezioni, aveva tentato la scalata al vertice del partito, ottenendo consensi che gli avevano fruttato un lusinghiero piazzamento al terzo posto. Ancora una volta il terzo posto viene raggiunto adesso da Cordiano, mentre meno fortunata è la prova della Castrilli, il cui tentativo appare del tutto prematuro e segnerà il principio della fine di quella che era stata stata largamente preconizzata come una brillante carriera politica. Alle elezioni successive, Annamaria Castrilli, candidata con i conservatori, non verrà eletta.

Nuova vittoria dei conservatori di Harris, nel 1999. Al Palladini viene confermato ministro e un ministero senza portafoglio viene assegnato alla neo-eletta Tina Molinari. Per i liberali vengono eletti Cordiano, Colle, Mario Sergio e Sandra Pupatello, mentre fra i socialdemocratici dell'Ndp torna ad affermarsi solo Rosario Marchese, il quale svolgerà un ruolo di primo piano nelle file dell'opposizione. Nel corso della legislatura viene a mancare l'uomo di punta dei conservatori, Al Palladini. Le successive elezioni suppletive vedono l'improvvisa ricomparsa sulla scena di Greg Sorbara, che in tal modo ricomincia la sua scalata politica.

Eccoci alle elezioni del 2003: stravincono i liberali, guidati da Dalton McGuinty, il quale assume l'incarico di Premier e chiama accanto a sé Greg Sorbara, il quale, in quanto Presidente del Liberal Party dell'Ontario e Ministro delle Finanze, è il n. 2 del vertice governativo della provincia. Gli altri Liberal eletti sono Mike Colle, Lorenzo Berardinetti, Joe Cordiano, Sandra Pupatello, Mario Racco, Mario Sergio. L'unico parlamentare italo-canadese d'opposizione è Rosario Marchese.

Questa volta il "Cabinet", cioè il consiglio dei ministri, è affollato da personalità italo-canadesi; infatti, insieme con Sorbara ci sono Sandra Pupatello, Cordiano e Colle. La legislatura riserverà varie sorprese, nel corso del suo svolgimento: in primo luogo, le clamorose dimissioni da ministro di Sorbara, a causa di una vicenda giudiziaria che lo vedrà poi limpidamente scagionato (ma in Canada c'è la buona usanza delle dimissioni non appena un ministro venga sfiorato da qualsiasi sospetto). Vi sarà poi la controversia parlamentare della quale sarà vittima espiatoria Mike Colle. Lo stesso Cordiano, insofferente d'un intreccio di bizantinismi politici, finirà con l'abbandonare la vita politica.

I liberali di McGuinty ottengono un nuovo mandato nel 2007, vedendo tra i parlamentari italo-canadesi la conferma di Sorbara, Sandra Pupatello, Colle, Berardinetti e l'elezione per la prima volta di Laura Albanese. Nello schieramento d'opposizione c'è sempre Rosario Marchese. A livello governativo, però, questa volta gli italo-canadesi contano assai meno: unico incarico di ministro è quello per Sandra Pupatello.

Alle elezioni del 2011 s'arriva con un elettorato piuttosto indifferente e scarsamente partecipe. Sandra Pupatello non si ricandida. Tra uno sbadiglio e l'altro, l'esito delle urne è di nuovo vincente per il premier McGuinty e per i riconfermati Sorbara, Sergio, Colle e Laura Albanese. All'opposizione, Marchese diventa una delle voci di maggior spessore del suo partito.

Dopo un breve periodo dalla consultazione elettorale, nuovo colpo di scena da parte di Greg Sorbara, il quale annuncia l'abbandono della vita politica "per essere piú vicino alla famiglia". Alla motivazione ufficiale sono in molti, però, a non dar credito. Le elezioni suppletive vedono il successo del sindacalista Stephen De Luca. Poi, un ulteriore e ancor piú clamoroso colpo di scena: l'annuncio delle dimissioni del premier McGuinty, conseguenza di una conflittualità politica d'eccezionale rilievo. Tra i candidati alla successione, la piú qualificata, la piú impeccabile, la favorita, è Sandra Pupatello. Vincente nei sondaggi e a tutti i ballottaggi, perderà all'ultimo scrutinio per una manciata di voti: incredibile! Forse, quel cognome terminante con una vocale ha indotto alcuni a cambiar parere all'ultimo momento? Ci rifiutiamo di crederlo possibile! Sandra Pupatello è uscita da quella prova a testa alta, con dignità e carattere da statista, levando in alto la mano di Kathleen Wynne, la sua contendente: un gesto con il quale non solo riconosceva la vittoria della Wynne ma proclamava il permanere di una solida unità all'interno del partito. Quello fu un momento di gran classe, che stimolò l'orgoglio di tutti gli italo-canadesi.

Adesso, c'è da guardare verso il futuro, i cui presupposti appaiono decisamente brillanti.

Oso sperare che un giorno anche nella mia amata Italia i nuovi arrivati possano godere, non solo in ambito politico, delle stesse opportunità di cui godiamo noi italo-canadesi: ne sarò orgoglioso, come lo sono per i successi conquistati in Canada dagli italo-canadesi.

10

Lo Stato e le sue istituzioni piú alte

Un chiaro esempio del successo italiano in Canada è offerto dalla scelta governativa di personalità italo-canadesi per incarichi nelle piú alte istituzioni dello Stato, prima tra tutte la prestigiosa camera alta, il Senato.

Ovviamente, è da rilevare che per un Paese moderno e proiettato verso il futuro, qual è il Canada, il Senato rappresenta un condensato di contraddizioni. Innanzi tutto, i senatori non sono eletti, ma vengono invece nominati dal Governo, che quasi sempre sceglie di premiare con quelle nomine fedelissimi del partito al potere. Inoltre, il Senato, nonostante il suo prestigio, è visto sempre piú come una istituzione obsoleta, che un po' tutti vorrebbero vedere riformata o addirittura eliminata. Tuttavia, pur senza grande gloria, il Senato seguita a sopravvivere.

Nonostante quanto detto, nulla sminuisce il valore dei tre italo-canadesi che per primi hanno ottenuto la nomina a Senatori del Canada. Il primo è stato Peter Rizzuto, di Montreal, nominato dal Primo Ministro Pierre Trudeau. Sempre a Trudeau si deve la nomina di Peter Bosa, un fedelissimo del Liberal Party, già consigliere di York (municipalità successivamente assorbita da Toronto) e pilastro della ben organizzata e dinamica comunità friulana.

La nomina di Bosa venne accolta assai favorevolmente dalla generalità degli italo-canadesi, che al neo-Senatore riconoscevano larghezza di meriti nonché le virtú di assoluta integrità e di produttiva attitudine alla conciliazione.

Altrettanto valida fu la nomina a Senatore di Consiglio Di Nino, nel 1990 dal Pimo Ministro conservatore Brian Mulroney. Di Nino rappresentava la nuova generazione di giovani cresciuti e formatisi culturalmente in Canada (era arrivato in Canada a soli 13 anni, nel 1951. A suo tempo s'era messo in evidenza prima come Presidente della Canadian Italian Professional and Business Association e poi, tra l'altro, per essere stato molto attivo nella realizzazione di Villa Colombo, del Columbus Centre e di Villa Charities. Come già aveva fatto Peter Bosa, in occasione del terremoto che aveva colpito il Friuli, Di Nino è stato a capo del comitato per la raccolta di fondi dopo il terremoto dell'Aquila del 2009, che vide impegnati in prima fila anche Palmacchio Di Iulio e il sottoscritto.

Sono poi venute altre due nomine che hanno infiammato d'entusiamo la comunità italo-canadese: quella di Frank Iacobucci alla Corte Suprema del Canada e quella di Giuliano Zaccardelli, a capo della polizia federale, le leggendarie Giubbe Rosse.

Tuttavia, non vi sono rose senza spine. Infatti, con l'avvento del potere politico si diffuse rapidamente nella comunità il clientelismo (meglio noto in Canada come "patronage"). Diverse nomine governative ("appointments"), sebbene non riguardanti alti livelli, sono facilmente identificabili come pesanti favoritismi, sia a livello provinciale che in ambito federale: un fenomeno di larga applicazione, da parte dei liberali come dei conservatori.

Politicamente parlando, va notato un mutamento di segno nelle rappresentanze politiche. Una volta, la comunità italiana esprimeva prevalentemente eletti nelle file progressiste, Ndp o Liberal che fossero. Il passaggio della comunità da una condizione a maggioranza operaia e impiegatizia alla prevalente composizione di ceti benestanti (il diffuso arricchimento, insomma), ha determinato un notevole spostamento di preferenze dell'elettorato verso le formazioni conservatrici.

11

La Chiesa Cattolica e gli Italo-canadesi

Gli Italiani che negli anni Cinquanta e Sessanta arrivavano in Canada sempre piú numerosi incontravano un ambiente socio-culturale e linguistico molto diverso da quello lasciato in Italia, ma forse nessuno avrebbe immaginato che tale contrasto avrebbe inciso anche nel modo di esternare la propria fede religiosa. La Chiesa Cattolica, per quanto universale nei valori, era organizzata in maniera molto diversa, strutturalmente e pastoralmente, da quella Italiana.

Non mi riferisco soltanto all'influenza, spesso determinante, che la Chiesa Cattolica ha avuto nella storia e nella perdurante realtà dell'Italia. La sostanza religiosa e spirituale è ovviamente la medesima, ma profondissime sono le differenze pastorali, di costume, di prassi quotidiana e insomma di incidenza nella vita delle centinaia di migliaia di italiani che in Canada hanno trovato radicamento o che qui sono nati e seguitano a vivere.

Nei lontani anni eroici dei grandi afflussi immigratori, la Chiesa ha ovviamente costituito un punto di riferimento d'estrema importanza per le masse di diseredati che pativano lo spaesamento e le difficoltà d'inserimento in una società non solo diversissima da quella di provenienza ma spesso ostile. La Chiesa si faceva carico, pur tra mille ostacoli e carenze, di opere assistenziali volte a attenuare i disagi elementari e sopra tutto leniva le afflizioni della quotidianità terrena elargendo il conforto che niente e nessuno poteva assicurare se non le pratiche devozionali e l'atmosfera amorevole ispirate dalla coltivazione della speranza nella felicità ultraterrena e dal dono di parole moralmente edificanti.

Con il passare del tempo, però, tutto questo ha perduto d'importanza, via via che progredivano il miglioramento sia delle condizioni economiche sia dello status sociale degli immigrati italiani. Cosí, la religione, la quale in Canada non ha mai assunto quella funzione di collante identitario che invece connota fortemente la realtà della madrepatria, ha in gran parte finito con lo stemperarsi da convinzione radicata nel profondo delle coscienze in una sorta di tradizione affettiva. L'esteriorità prevale largamente sull'interiorità: la Messa domenicale, il battesimo, i matrimoni, i funerali, le grandi festività, come il Natale o la Pasqua, e le solennità dei Santi patroni di borghi e città d'origine degli antenati sono occasioni rispettatissime e onorate con larghezza di partecipazione e di mezzi. Ma, la sincera emotività che viene messa in campo è apparentata piú con cerimonialità e decoro sociale che con un intimo afflato spirituale. Si tratta in qualche modo dello stesso fenomeno che riguarda la generosità con cui tanti italo-canadesi hanno contribuito a finanziare la costruzione d'una larga parte degli edifici di culto cattolico sorti a Toronto.

Le ragioni di una rappresentazione come quella che ho sommariamente delineato sono numerose e complesse, affondano le radici in motivazioni storiche e antropologiche, sono il riflesso delle particolarità del contesto canadese, nel quale, tra l'altro, le organizzazioni religiose di qualsiasi confessione non possono usufruire di sovvenzioni statali né hanno modo di condizionare la gestione della cosa pubblica e la scelta di coloro che vengono deputati a reggerne le sorti.

L'uomo di chiesa, in Canada, sia in ambito parrocchiale sia a livello di gerarchia, piú che pastore è manager. Deve occuparsi di tutte le incombenze logistiche, relazionali e amministrative che sono proprie di qualsiasi entità strutturata e deve procurare il denaro necessario per sé, per le attività rivolte ai fedeli e per il funzionamento generale, dalle diocesi a tutte le ramificazioni connesse.

All'inizio, i preti venuti dall'Italia subivano uno spaesamento non troppo dissimile da quello della generalità degli immigrati. A loro, nessuno aveva insegnato a comportarsi da manager. Spesso, faticavano a occuparsi della quotidianità pastorale, disorientati e oppressi com'erano dall'inusitato carico di responsabilità manageriali, cosí finendo con l'attingere risultati scadenti nell'una come nell'altra veste. Ovviamente, giorno dopo giorno, imparavano. Altrettanto ovviamente, quelli che in anni successivi si sono dedicati alla vita sacerdotale essendo nati in Canada hanno usufruito di una condizione ben differente: avendo assorbito fin dal ventre materno le specificità canadesi, sono "nati imparati", come suol dirsi.

Il dover essere preti in questa maniera implica un rapporto culturale e pragmatico con la comunità ecclesiale diverso, parecchio diverso, dallo standard abituale in Italia. Non di rado, ne nascevano spigolosità e incomprensioni e, sopra tutto, un distacco dai problemi reali della comunità che mantenevano l'ambiente ecclesiastico per lo piú estraneo alle dinamiche socio-culturali e particolarmente alle tensioni in campo lavorativo, il che era certamente frutto anche dell'atteggiamento generale della gerarchia, poco sensibile agli indirizzi dettati dalla dottrina sociale della Chiesa. Ai tempi di Papa Pio XII, il quale non era certamente un progressista, in realtà la Chiesa abbracciava tutti con un afflato evangelico di considerevole spessore.

Dopo, però, la Chiesa canadese si mostrò apertamente conservatrice. Straordinarie eccezioni vennero richiamate all'ordine dalle autorità diocesane. Il grande slancio ecumenico e rinnovatore espresso negli anni Sessanta dal Concilio Vaticano II non spinse la Chiesa canadese verso un avanzamento, ma, al contrario, venne vissuto come un'opportunità per rafforzare l'autorità della gerarchia sui fedeli, creando un crescente distacco tra parroci e fedeli.

Spia eloquente di questa involuzione sono i matrimoni. In una società multietnica qual è il Canada è sempre stata cosa d'ordinaria amministrazione lo sposarsi tra giovani provenienti da diversissimi ambienti familiari e culturali. Del resto, la formazione di famiglie in cui confluiscono appartenenze al cattolicesimo e all'ebraismo o al protestantesimo e cosí via è una delle risorse in cui affondano le radici la vivacità e la creatività del sereno sincretismo sociale canadese. Ebbene, i matrimoni misti di giovani cattolici, che una volta erano frequentissimi, incontrano oggi complicatissimi e spesso insormontabili ostacoli, i quali ovviamente non scoraggiano i rapporti fortemente sentiti ma inducono all'allontanamento dalla Chiesa e incrementano il ricorso ai matrimoni civili e alle unioni di fatto.

Generalmente, i preti, in particolare quelli delle vecchie generazioni, si davano un gran da fare per farsi nominare parroci e cosí acquisire importanti poteri amministrativi nonché una supposta legittimazione a perpetuare in Canada la tradizione italiana di esercitare un ruolo di indirizzo e controllo sulla comunità. Si distinsero poco, invece, nelle lotte accanto ai lavoratori e per il progresso culturale e sociale della comunità.

Tra le magnifiche eccezioni, meritano commosso ricordo e incancellabile gratitudine quelle di Oreste Cerbara e Nicola De Angelis. Il primo (originario di Colleferro, provincia di Frosinone), formatosi sia in Italia che negli Stati Uniti d'America, perfettamente bilingue, fu il primo Presidente della Commissione Pastorale Italiana di Toronto e fu attivamente prtecipe del dinamismo evolutivo in seno alla collettività, sia in ambito educativo (primo Presidente del Comitato Scolastico Italiano) sia in quello sociale, anche partecipando alla costituzione della FACI. Non esitò in varie occasioni a schierarsi apertamente e fattivamente accanto a quanti si davano da fare per la conquista di diritti e nuove opportunità per tutti.

Nicola De Angelis, originario di Latina, iniziò umilmente il suo lavoro pastorale quale vice parroco e parroco di San Sebastian, fu eletto consigliere delle scuole cattoliche di Toronto e quindi amministratore della curia arcivescovile. Attivissimo nel campo dell'istruzione, fu tra i pionieri dell'insegnamento della lingua Italiana in Canada. Mons. De Angelis aveva una capacità straordinaria di comunicazione, all'interno delle istituzioni religiose come di quelle laiche. Il 24 Giugno 1992 la comunità italo-canadese accolse con gioia la nomina di Mons. De Angelis a vescovo ausiliare di Toronto. Fu grande la sorpresa quando, alcuni anni dopo, fu trasferito da Toronto a Peterborough quale vescovo di quella cittadina dell'Ontario orientale, dove la presenza italiana era quasi inesistente. Comunque, Mons. De Angelis era una persona molto amata, rispettata e di grande apertura verso la comunità.

Un prete che ha lasciato un segno è stato senz'altro Benito Framarin. Un prete dell'emigrazione veramente diverso, Benito Framarin era sopratutto un uomo di elevato spessore culturale. Criticava apertamente i suoi colleghi ed era infastidito dalla superficialità e mediocrità che lo circondavano. Pur avendo un approccio intellettuale alla vita usava un linguaggio semplice ed accessibile ma allo stesso tempo profondo ed analitico. Ha speso la sua vita a Toronto alternando il suo ministero di parroco (Holy Angels- Etobicoke) all'attività di giornalista (e' stato anche direttore del Corriere Canadese e del Samaritano). Benito Framarin amava il dialogo e si confrontava volentieri con religiosi e laici senza ipocrisia e senza pregiudizi. Il suo libro "I cattivi pensieri di Don Smarto- un prete italiano in Canada" (Edizioni Messaggero, Padova, 1986) ci offre un quadro della Toronto italiana degli anni '60 e '70. Anche quando ci da una sintesi non sempre condivisibile le sue riflessioni e le sue analisi risultano lucidi ed intelligenti.

Giuseppe Carraro fu uno dei pochi preti impegnati nel sociale, il che lo rendeva piuttosto malvisto tra i colleghi. Negli anni Cinquanta, insieme con Carletto Caccia, fu uno dei fondatori del Costi, Centro Organizzativo Scuole Tecniche Italiane. Il Costi espresse un grande e positivo lavoro, sia per l'insegnamento dell'inglese agli immigrati sia per il ricondizionamento addestrativo di carpentieri, falegnami, meccanici e di tutti coloro che, pur avendo una specializzazione alle spalle, necessitavano di impadronirsi delle specifiche modalità tecniche vigenti in Canada. A un certo punto, Don Giuseppe Carraro se ne andò in Inghilterra, per rientrare anni dopo in Canada, non piú sacerdote, però. Anche in questa diversa veste, egli non mancò di rendere preziosi servigi alla comunità italo-canadese.

Altro sacerdote impegnato nel sociale fu Gianni Carparelli. Egli fu il fondatore e l'anima della Caritas di Toronto e per circa trent'anni dedicò la vita al connesso centro sociale per tossicodipendenti. Si trattava di un prete anticonformista in tutti i sensi. La sua azione trovò molti consensi e largo appoggio nella comunità, ma questo non serví a renderlo meglio accettabile agli occhi della curia. Sognava una chiesa piú vicina alle persone. Nell'autunno del 2012, alquanto scoraggiato, decise di rientrare in Italia.

Agli inizi degli anni Settanta, ci fu una presa di coscienza anche tra i sacerdoti italiani che per decenni avevano svolto ruoli secondari all'interno delle parrocchie. Diventava sempre piú palese in loro un'insofferenza verso la gerarchia, quasi esclusivamente composta da irlandesi. È da notare che il disagio del clero cominciava a manifestarsi nel medesimo tempo in cui andavano nascendo la FACI e il Congresso e si intensificavano le agitazioni sindacali. I risultati non tardarono a venire: molti sacerdoti vennero finalmente nominati parroci e la curia espresse il suo primo vicario per gli Italiani nella persona di Mons. Giovanni Iverinci, un sacerdote molto dinamico che riuscì in breve tempo ad imporsi all'attenzione della comunità ecclesiastica.

La chiesa in quegli anni aveva preso una svolta definitivamente conservatrice ed autoritaria lasciando poco spazio all'ala più progressista. Il cardinale Aloysius Ambrozic, arcivescovo di Toronto ne era l'espressione più autorevole ed il clero italo-canadese nella sua stragrande maggioranza si identifico' con l'orientamento dominante. Molti dei fedeli che avevano abbracciato con profonda speranza lo spirito innovativo del concilio trovarono poco conforto nelle parole del cardinale Martini (gia arcivescovo di Milano), "per questa chiesa posso solo pregare", e scelsero liberamente la via dell'esilio. Un sacerdote della vecchia guardia che riuscì a guadagnarsi il rispetto di molti per il suo approccio umanitario e la coerenza ai suoi principi fu mons. Giuseppe Sbrocchi.

Proprio in quegli anni si scatenò un dibattito molto acceso intorno al rifiuto dei sacramenti della prima comunione e della cresima opposto agli studenti che non frequentavano le scuole cattoliche. Si trattava certamente di una novità sorprendente per decine e decine di migliaia di famiglie immigrate dall'Italia, le quali non si ponevano il problema della scelta della scuola per i figli su base religiosa ma in relazione alla convenienza: sceglievano, cioè, le scuole piú vicine alla rispettive abitazioni. Quella forzatura venne denunciata sui mezzi di comunicazione e non mancarono espressioni di protesta e di indignazione. Il dibattito si prolungò per qualche anno con risultati limitati. Quel che fece prevalere la definitiva scelta in favore delle scuole cattoliche fu la nuova strategia dell'amministrazione scolastica, basata sull'inserimento dell'insegnamento della lingua italiana nel normale orario scolastico, del che esaurientemente si tratta nel capitolo dedicato al Centro Scuola. Un contributo importante alla risoluzione del problema venne da mons. Giuseppe Sbrocchi.

Parallelamente al Costi, svolse una significativa opera un'altra organizzazione sorta negli ambienti vicini alla Chiesa Cattolica: l'Italian Immigrant Society, guidata da Isa Scotti e impegnata nel campo assistenziale. Quella, tuttavia, fu un'esperienza di breve corso, perché finí con l'estinguersi, una volta mutate le esigenze dell'immigrazione italiana.

L'attualità è segnata da notevoli problematicità. In generale, l'appartenenza religiosa appare vissuta con tiepidezza, considerata piú come consuetudine sociale che come disposizione spirituale. Per lo piú, si va in chiesa per le celebrazioni familiari, matrimoni, funerali, etc., e per le solennità speciali, come le liturgie della Pasqua e del Natale. Infatti, tuttora i preti definiscono questo genere di loro parrocchiani "pasqualini" e "natalini", il che suscita irritazione anche tra i fedeli piú assidui e devoti.

Molte comunità parrocchiali badano a mantenere la continuità di tradizioni fortemente aggreganti, come le feste patronali, senza tuttavia essere riuscite a eliminare quelle sovrastrutture paganeggianti e plebee che nulla hanno a spartire con l'autentica espressione di una fede sinceramente vissuta. Diverso è il caso della grandiosa processione del Venerdi Santo, che da decenni attrae nelle strade del cuore di Toronto decine di migliaia di spettatori, stupiti e emozionati dal pathos espresso mediante la stilizzata spettacolarità di un rituale immutabile quanto intensamente vissuto dai suoi protagonisti.

Padre Vito Marziliano è uno degli esempi piú significativi di come si possa portare una boccata d'aria fresca, impegnandosi a superare il muro d'incomunicabilità tra Chiesa e Società, aprendo un dialogo piú ecumenico e piú rispettoso nei confronti di quanti auspicano per la comunità ecclesiale un rinnovamento di stile e idee. Egli stesso critico della struttura piramidale della gerarchia e, nel contempo, consapevole della ricchezza rappresentata dalla compresenza di molteplici storie e tradizioni, è incisivamente presente nella vita quotidiana dei suoi parrocchiani e contribuisce a delineare una nuova prospettiva di vitalità della componente religiosa nel tessuto comunitario. Molto simile a quello di padre Marziliano è il magistero di cui sono protagonisti Don Vitaliano Papais ed il francescano Amedeo Nardone.

Non posso non gettare uno sguardo verso l'attuale pontefice: a prima vista, Papa Francesco non manifesta una diretta connessione con l'ambiente ispiratore di questo libro. Tuttavia, anch'egli è figlio dell'emigrazione italiana, il che lo accosta idealmente alla realtà trattata in queste pagine. In particolare, c'è una sua frase, indirizzata genericamente agli ambienti sacerdotali, che sembra rivolta proprio a stigmatizzare i comportamenti di certi preti italo-canadesi: «Invece di predicare il Vangelo con amore lo prediacano con il bastone». Ecco, a me pare che in seno alla cattolicità canadese vi sia un sempre crescente bisogno di uniformarsi a queste alte e limpide parole di Papa Bergoglio!

12

Il Centro Scuola e Cultura Italiana

Nel celebre *Beyond the Melting Pot* veniva proposta un'immagine che condensa felicemente una delle principali idee motrici del Centro Scuola e Cultura Italiana. L'immagine, riferita a anni ormai ben lontani e all'ambiente immigratorio di New York, è grosso modo questa: mentre gli italiani festeggiano Colombo, Garibaldi, etc. e costruiscono monumenti commemorativi, le comunità ebraiche costruiscono e gestiscono scuole, ospedali, etc.

L'osservazione degli autori del libro si adattava benissimo anche alla situazione canadese degli anni Sessanta. Non c'è niente di male nel festeggiare Colombo e Garibaldi, ovviamente. Il male sta nel credere che stia tutta lí la missione degli immigrati nei confronti dell'ascendenza italiana. A me pareva indispensabile che l'italianità la si dovesse affermare non per nostalgia, bensí mediante l'impianto nella realtà canadese di iniziative socialmente utili, le quali per un verso fossero correlate ai valori di civiltà della madrepatria e nel contempo fossero proiettate verso la coltivazione del futuro.

Il Centro Scuola e Cultura Italiana nasceva a Toronto nel 1976. Quello era un momento particolare nella storia canadese. C'erano molti fermenti culturali nuovi, nati sulla scia dell'entusiasmo creato da Pierre Trudeau, un Primo Ministro veramente straordinario, carismatico. Trudeau impresse un volto nuovo alla nazione, sostituendo i temi tradizionali di derivazione coloniale con una visione genuinamente canadese, proiettata verso il futuro. È cosí che prese a svilupparsi l'impegno per creare un'identità genuinamente canadese.

Le molteplici comunità etniche che compongono la società canadese risentirono del nuovo impeto e delle innovative modalità di pensiero. Anch'esse cominciarono a recuperare le proprie identità originarie. Si sviluppò diffusamente la ricerca del come superare i problemi comportati dalla duplice identità e dalla doppia nazionalità. Per superare questa dicotomia, proprio noi italiani ci spingemmo al di là di quelle che erano le difficoltà economiche e d'inserimento sociale. Abbiamo cercato di individuare quali fossero le esigenze piú importanti e abbiamo promosso iniziative che hanno avuto un grande significato e un grande influsso sulla storia dell'immigrazione italiana in Canada.

Tra le cose che presero vita in quegli anni c'è Villa Colombo, una magnifica residenza per gli anziani, e c'è il Columbus Centre, diventato la piú importante struttura italiana all'estero e il piú importante centro comunitario etnico del Canada. Tuttavia, queste grandi realizzazioni non ci bastavano. Avvertivamo l'esigenza di salvaguardare la nostra identità culturale nell'ambito del mosaico canadese. Per far questo, ci rendemmo conto che la lingua avrebbe dovuto svolgere un ruolo essenziale.

Fu cosí che ci mettemmo a ragionare in funzione dello slogan "una cultura senza lingua, è una cultura morta". Cominciammo col rivolgere i nostri sforzi verso il mantenimento in vita della lingua italiana, cercando di farla inserire nel normale orario scolastico. Molti gruppi in passato avevano tentato di organizzare classi di italiano. Lo facevano in maniera pionieristica, negli scantinati delle chiese, senza nessun coordinamento pedagogico, senza sussidi didattici, senza una strategia culturale. Tutto, sebbene indubbiamente meritorio, appariva improvvisato e approssimativo.

Noi, invece, miravamo a far riconoscere l'insegnamento dell'italiano quale elemento primario ai fini dello sviluppo cognitivo del bambino italo-canadese. Perciò, chiedemmo che l'italiano venisse insegnato durante il normale orario scolastico, che esso fosse parte costituiva dell'attività didattica, che venisse pienamente integrato nel curriculum scolastico. Furono discorsi assai difficili, all'inizio. Da parte nostra non trovammo neppure l'appoggio delle autorità diplomatiche, che preferivano seguitare a gestire i loro piccoli e stentati corsi d'italiano fatti in casa.

All'epoca, la percezione dei diplomatici italiani non brillò in modo significativo. Invece, la comunità capí e si rese conto che doveva prendere in mano le redini del proprio destino, senza affidarsi a istituzioni non canadesi, collaborando sí con le autorità diplomatiche ma, sopra tutto, basandosi sulla propria forza e la propria consapevolezza. Fu grazie a questa consapevolezza e facendo affidamento solo sulle nostre energie che fu possibile sviluppare un discorso serio.

Quando misi in moto il processo che avrebbe dovuto condurre all'istituzione del Centro Scuola prese subito forma una barriera ostruzionistica. Se era scontato che ciò avvenisse da parte anglosassone, del che mi occupo in un altro capitolo, un po' meno scontato apparve il fervore di quella componente d'origine italiana che di getto mi venne da definire "la santa alleanza". Si trattò d'una concentrazione di soggetti e corpi sociali tutti allarmati dalla prospettiva di vedersi sottrarre qualcosa delle piccole nicchie di potere da ciascuno detenute. C'erano esponenti del mondo degli affari e un po' tutti gli appartenenti all'area politica dei conservatori; c'erano i nostalgici del fascismo e perfino i comunisti; c'era l'Azione Cattolica; c'erano i patronati e una non piccola parte della gerarchia ecclesiastica.

Promossero una grande manifestazione per affermare l'inutilità di un nuovo soggetto da sostituire al sistema che aveva sempre dato ottime risposte alle necessità culturali della comunità. A loro modo di vedere, l'insegnamento dell'italiano non doveva essere integrato negli ordinari corsi delle scuole pubbliche, perché ne sarebbe scaturita una menomazione della libertà d'insegnamento. Questa era in realtà una vera e propria foglia di fico, in quanto serviva a mascherare il timore di perdere il potere clientelare che tutti i gestori dei corsi privati d'italiano esercitavano mediante la scelta e le nomine degli insegnanti. All'appuntamento fissato dalla "santa allenza" si presentarono il Ministro dell'Istruzione e i Provveditori agli Studi, i quali tutti non impiegarono che pochi minuti per rendersi conto d'essere loro la componente maggioritaria dei presenti e dunque per prendere atto della sostanziale indifferenza della comunità verso la "santa allenza". Cosí, abbandonarono ben presto il campo, dando pubblica certificazione del fallimento dell'operazione.

Subito dopo, fummo noi a indire un incontro con i genitori di tutti i quartieri di Toronto. Accorsero in migliaia. Ci furono centinaia di interventi, tutti a sostegno del nostro progetto. A differenza di quel che si faceva sempre, noi proponevamo che l'insegnamento dell'italiano venisse introdotto nelle scuole pubbliche con il valore di corsi non facoltativi ma curriculari e che gli insegnanti dovessero essere selezionati tra i numerosi diplomati in Italia presso gli Istituti Magistrali che successivamente avessero conseguito la laurea in lingue nelle università canadesi. Inoltre, noi proponevamo che la selezione degli insegnanti avvenisse in due fasi: la prima gestita da noi, consistente in una valutazione per titoli e colloqui; la seconda, basata su colloqui confermativi, condotta dal Board of Education, emanazione del Ministero dell'Istruzione, al quale spettava peraltro di pagare gli stipendi.

A un certo punto, quando apparve chiaro che le autorità canadesi avevano afferrato il senso della partita che si stava giocando e avevano ormai deciso di far proprio il nostro progetto, il Console Generale d'Italia dell'epoca tentò una mediazione in extremis, proponendo che a gestire il nuovo sistema, in partenariato con le autorità canadesi, non avrebbe dovuto provvedere la rappresentanza della comunità italo-canadese operante in seno al Centro Scuola ma invece quella assicurata dalle forze istituzionali, cioè quelle della "santa alleanza".

Comunque, la nostra posizione prevalse. A quel punto si trattava di passare alla fase di concretizzazione. In primo luogo, occorreva suscitare l'interesse del maggior numero possibile di genitori e, successivamente, di proporre le nostre attività alle scuole dove nel frattempo s'erano sviluppate sufficienti basi di richieste. Dovevamo parlare con i genitori e organizzare consigli di quartiere. In tal modo, erano i genitori che richiedevano alle scuole l'insegnamento dell'italiano. Noi potevamo essere la guida, gli organizzatori, ma la richiesta doveva provenire dai genitori. Per le autorità scolastiche, insomma, si trattava d'accogliere una domanda proveniente dalla base, non di imporre la loro volontà dall'alto, cosa che non avrebbero mai fatto.

Superammo tutte le difficoltà, attraverso gli anni. E le difficoltà spuntavano continuamente come funghi, da tutte le parti. Ogni volta che capitava una fase finanziariamente critica, il primo programma che le direzioni scolastiche volevano tagliare era quello dell'insegnamento delle lingue. Naturalmente, abbiamo potuto difenderci anche in virtú del principio che noi pagavamo le tasse in Canada e che quindi il Canada aveva un obbligo nei nostri riguardi. Questa impostazione trasparente dei rapporti siamo riusciti a farla digerire anche presso le autorità italiane: noi chiedevamo aiuti finanziari al governo italiano per gestirli in autonomia congiuntamente ai finanziamenti canadesi; cioè, chiedevamo d'essere aiutati a investire sul futuro della comunità italo-canadese, rifiutando però di venir manovrati e indirizzati.

Con la nostra entrata in scena, è stata aperta una strada che poi ha determinato da parte dello Stato italiano profonde modificazioni, sebbene non ancora sufficienti e che comunque altrove vengono male o poco applicate.

Un mutamento fondamentale è intervenuto grazie all'intelligenza e lungimiranza di Beniamino Andreatta. Lo avevo conosciuto a Urbino, dove egli, docente universitario a Bologna, partecipava come me a un convegno di studi. In quell'occasione, sul finire degli anni Settanta, espresse vivo interesse per l'approfondimento delle poche notizie che avevo dato sul nostro lavoro. Mi ascoltò a lungo. Poi, una volta nominato Ministro degli Esteri, sebbene gli capitò di mantenere quell'incarico soltanto dall'Aprile 1993 all'Aprile dell'anno seguente, trovò tempo e volontà per elaborare una legge basata proprio sull'esperienza del Centro Scuola. Con quella legge venivano istituiti gli enti gestori autonomi per operare all'estero nel campo dell'insegnamento dell'italiano.

Il nostro è l'unico caso nel mondo di ente gestore che s'è occupato di innumerevoli altre cose, non solo in campo culturale ma anche sportivo e sociale. In particolare, abbiamo inventato i corsi di cultura italiana all'estero supportati dal governo canadese. A un certo punto c'eravamo resi conto che l'insegnamento in classe non era piú sufficiente; la prima cosa a cui abbiamo pensato è stata quella di dar vita a programmi basati sulle visite in Italia.

Cominciammo con l'organizzare soggiorni linguistici in Italia per brevi periodi di tempo. I risultati sono stati eccellenti e seguitano a essere tali, poiché il fascino dell'Italia, oltre che agevolare l'affinamento delle conoscenze linguistiche, riesce a catalizzare un'enorme stimolazione culturale di ordine generale. Successivamente, abbiamo proposto alle autorità scolastiche di riconoscere i corsi residenziali tenuti in Italia ai fini del conseguimento dei titoli di studio canadesi. Abbiamo ottenuto anche questo, e abbastanza rapidamente.

Adesso, scuole pubbliche canadesi realizzano corsi curriculari in Italia con insegnanti canadesi, pagati dal fisco canadese, per studenti canadesi non necessariamente di ascendenza italiana. Non c'è niente di simile altrove, nel mondo. I corsi sono semestrali o di un mese nei periodi estivi. Finora sono quasi diecimila i ragazzi che ne hanno usufruito e che in tal modo hanno imparato a familiarizzarsi con la cultura italiana e a diventare futuri appassionati consumatori di prodotti italiani e di vacanze in Italia.

Ovviamente, organizziamo corsi di aggiornamento per gli insegnanti e non solo. Abbiamo finito con l'assumere un ruolo che è di guida per tutte le comunità etniche. Da anni, un po' tutti seguono l'esempio italiano offerto dal Centro Scuola.

Per quanto riguarda l'aggiornamento, nell'arco dei primi 15 anni siamo riusciti a organizzare corsi per 1.000 insegnanti, di ben 42 lingue diverse. Col tempo, questi corsi si sono stabilizzati, diventando una "routine" molto importante.

Successivamente, siamo riusciti a creare nuove iniziative. Ai corsi a livello elementare e medio abbiamo aggiunto quelli di livello superiore, universitario. Collaboriamo con le strutture universitarie attraverso attività di ricerca e cosí via. Considero sopra tutto importante quel che abbiamo fatto e facciamo per sviluppare nuove strategie didattiche per i giovani di terza e quarta generazione.

Abbiamo anche intrapreso un impegno nel campo dell'editoria. I manuali che precedentemente arrivavano dall'Italia non riuscivano a sintonizzarsi con la progressione linguistica e grammaticale dei ragazzi di seconda e terza generazione; inoltre, immagini e concetti di quei libri non riflettevano l'ambiente e i valori canadesi, generando pesanti difficoltà d'apprendimento. Invece, i manuali prodotti da noi riscuotono un grande successo. Ciò non vuol dire che rifiutiamo quanto ci viene dall'Italia. Tutt'altro: dall'Italia accogliamo volentieri una larga quantità di eccellenti supporti didattici. Tra l'altro, i nostri manuali vengono abbinati a quelli italiani, specialmente da quando circolano testi innovativi, piú vicini alla realtà di oggi.

I risultati ci hanno dato sempre ragione e sono il nostro miglior biglietto da visita. Adesso, ogni anno, 30.000 studenti di Toronto seguono corsi di lingua e cultura italiana. Inoltre, abbiamo raggiunto un accordo ufficiale con le autorità scolastiche locali: i corsi vengono gestiti in partenariato, mettendo insieme le risorse nostre e quelle provenienti dai due governi, quello canadese e quello italiano.

Nell'ambito di tutto questo c'è un esito che a me pare di assoluta rilevanza e che riguarda i ragazzi delle nuove generazioni, quelli che dell'Italia sanno solo quanto gli raccontano i genitori o i nonni. Loro vivono una realtà principale, che è quella anglosassone. Solo secondariamente sono coinvolti nella recuperata italianità. Devo correggermi: ormai è improprio parlare di realtà anglosassone. La realtà canadese è una cosa a sé e i canadesi tengono assai a distinguersi dagli statunitensi e dai britannici veri e propri.

Attualmente, il giovane italo-canadese conosce benissimo la propria identità, si sente un canadese, è un canadese come tutti gli altri. Anglosassoni, francesi, ucraini, italiani, cinesi, quale che sia la loro ascendenza, tutti si sentono canadesi.

Però, l'identità nazionale non è tutto. Conta molto anche l'identità culturale. Quel che io ho sempre tenuto come un obiettivo imprescindibile è il far sí che i ragazzi italo-canadesi si sentano orgogliosi delle proprie radici culturali, che imparino a conoscere il loro retroterra storico e umano. Perciò, il Centro Scuola lavora per far conoscere loro la lingua e il patrimonio culturale dell'Italia.

I corsi linguistici inducono una profonda trasformazione nei giovani. Essi, a volte, arrivano in Italia senza grande entusiasmo e invece, poi, sbalordiscono e s'appassionano, quando i loro occhi e le loro menti scoprono l'Italia d'oggi, i loro coetanei, la grande civiltà del passato, la storia, l'arte, la Ferrari, la moda, e cosí via. Quando rientrano in Canada appaiono veramente fieri, cominciano a voler parlare quella lingua che magari prima ignoravano o addirittura disprezzavano: parlare italiano diventa per loro motivo d'eccellenza sociale e d'orgoglio.

Prima della nascita del Centro Scuola, di corsi d'italiano se ne facevano tanti, ma non sistematici e non garantiti, gestiti da parrocchie, sindacati e altre organizzazioni. Quando non erano possibili stipendi regolari, a farsene carico erano per lo piú insegnanti volontari, talvolta anche di eccellente valore. Attualmente, il Centro Scuola eroga un contributo a sostegno degli oneri del Board of Education e sostiene integralmente i costi per gli insegnanti dei corsi d'italiano aggiuntivi a quelli curriculari.

La spiegazione di come tutto questo sia possibile sta nel fatto che noi siamo riusciti a ottenere il riconoscimento di un principio fondamentale: noi cittadini canadesi d'ascendenza extra-canadese paghiamo le tasse in Canada e perciò abbiamo diritto per i nostri figli all'istruzione pagata dal Canada anche per quanto riguarda l'insegnamento della lingua della rispettiva madrepatria. In tal modo, l'Italia ha un ruolo aggiuntivo e secondario, pari al

20%, nel budget dell'insegnamento dell'italiano nelle scuole pubbliche. La partecipazione finanziaria dell'Italia ha una sua logica motivazione, ovviamente, che è in ragione delle rimesse pervenute per decenni, come tuttora, dagli emigrati e in ragione dei legami storico-culturali che vi è comprensibile interesse a mantenere ben saldi.

Ovviamente, c'è stato un grande lavoro dietro le quinte per portare il Centro Scuola dove ha saputo arrivare, a cominciare dalla capillare e metodica attività di lobby svolta in particolare dal Congresso Italo-canadese presso le commissioni parlamentari, anche mediante la meticolosa elaborazione di impegnativi documenti su questioni essenziali della didattica e dell'informazione.

Senza questa politica, con l'attuale crisi e i tagli di spesa intervenuti nel bilancio dello Stato italiano, tutti i corsi d'italiano in Canada sarebbero stati condannati a morte. Basti pensare che dal finanziamento di 1.200.000 euro siamo attualmente scesi a 350.000.

Le origini del Centro Scuola affondano le radici nel primo decennio di vita del multiculturalismo in Canada. L'energia intellettuale che ha generato i programmi d'insegnamento linguistico, gli scambi culturali, le mostre, le pubblicazioni e una forte attenzione dei media sugli eventi della comunità italo-canadese si è sprigionata dal fervore di idee che ha animato gli intellettuali e i leaders della generazione emersa dopo la Seconda Guerra Mondiale. Oggi, dopo tanti anni di sviluppo e di conquiste, il Centro Scuola è un'istituzione esemplare, tale da costituire un prestigioso modello per le nuove generazioni di Italian Canadians.

La storia del Centro Scuola coincide con la crescita della comunità italo-canadese di Toronto nell'ultimo quarto del sec. XX. Il Centro Scuola è stato la punta di diamante nella lotta per ottenere l'introduzione dell'insegnamento delle terze lingue nell'orario scolastico. Si è ottenuto cosí un duplice risultato: quello di migliorare il rendimento scolastico complessivo degli studenti e quello di inculcare in loro l'orgoglio per la propria cultura d'origine.

Nella seconda metà degli anni '70, quando venne fondato il Centro Scuola, funzionavano come doposcuola, per iniziative di molteplici organizzazioni, pochissime classi d'italiano presso non molte scuole elementari. I genitori pagavano una quota d'iscrizione e gli insegnanti lavoravano isolati gli uni dagli altri. Noi costituimmo la leadership di un movimento che aveva lo scopo di sensibilizzare il mondo scolastico alle problematiche relative all'insegnamento delle terze lingue. Sostenevamo che l'istruzione nella lingua madre sarebbe equivalsa a un vero e proprio investimento e che avrebbe giovato al Paese sul piano internazionale per i rapporti economici e per i contatti culturali. La nostra strategia e le nostre argomentazioni risultarono vincenti: nel 1977, l'allora Ministro dell'Istruzione, Tom Wells, approvò il finanziamento per le classi di lingue come stabile voce del bilancio dell'Ontario. Quella stabilità non è mai venuta meno.

Una volta raggiunto quel primo vitale obiettivo, avviammo l'esperienza dei seminari di formazione e aggiornamento professionale per gli insegnanti di lingue di Toronto e dell'area metropolitana. Dal 1977 al 1991 il Centro Scuola ha organizzato l'Annual International Languages Symposium: a ogni edizione partecipavano oltre 1.000 insegnanti di italiano e altre lingue, provenienti da ogni parte dell'Ontario, insieme con ricercatori e docenti universitari di pedagogia, linguistica e glottodidattica.

Nei dieci anni dal 1978 all'88, io fui chiamato a presiedere la "Metro Communities for International Languages" e il Centro Scuola divenne l'organizzazione modello per l'istituzione dei programmi di lingua, l'ente portavoce delle diverse aree linguistiche della comunità e lo strenuo difensore dei programmi d'insegnamento linguistico.

Il Centro Scuola ha avuto un ruolo di primaria importanza nel sistema educativo per quanto riguarda l'insegnamento della lingua italiana. Con i suoi programmi in Italia, inoltre, ha offerto a migliaia di giovani la possibilità di fare esperienze straordinarie che contribuiscono notevolmente allo sviluppo della personalità e a una maggiore comprensione delle altre culture, il che è fondamentale per gli ideali di progresso e coesistenza che sono alla base della democrazia canadese.

Il Centro Scuola ha inoltre svolto un ruolo di primaria importanza nel campo della promozione culturale, tra l'altro attivando una consistente attività editoriale, dando vita a due cori polifonici, istituendo corsi di danza, musica e canto.

Il Palestrina Chamber Chorus è stato fondato nel settembre 1997 e ben presto è diventato uno dei migliori cori canadesi composti da giovani tra i 18 e i 30 anni. È stato diverse volte in tournée Italia, ha tenuto concerti insieme con la Toronto Symphony Orchestra, ha cantato per Papa Giovanni Paolo II in occasione della sua visita in Canada e ha al suo attivo l'incisione di due cd. Accanto al "Palestrina" ha operato a lungo un coro di voci bianche, la Schola Cantorum, che si prefiggeva di avvicinare anche i giovanissimi alla lingua e alla cultura italiana, in quanto la finalità ultima di tutte le attività del Centro Scuola rimane quella della promozione linguistica e culturale.

Il Centro Scuola ha potuto vantare anche un'eccellente scuola di musica, con insegnanti di grande talento, molti dei quali impegnati in brillanti carriere artistiche, che animavano un ambiente vivace e stimolante, grazie al quale gli studenti hanno ottenuto costantemente ottimi risultati. Facemmo funzionare egregiamente anche corsi di danza, comprendenti danza classica, jazz, musical theatre, tip-tap e hip-hop. L'insegnamento era affidato a professionisti di statura internazionale, specializzati nelle migliore accademie europee e nordamericane.

L'impegno editoriale dedicato alla cultura italo-canadese ha costituito uno dei piú apprezzati contributi del Centro Scuola alla vita culturale del Canada. A cominciare dal 1979, sono stati pubblicati volumi di grande interesse letterario, quali *The Culture of Italy, Medieval to Modern*, una raccolta di saggi curata da Bernard Chandler e Julius A. Molinaro, *Italian Canadian Voices: An Anthology of Poetry and Prose*, a cura di Caroline Morgan Di Giovanni, *Love's Sinning Song and Other Poems*, una raccolta di poesie del poeta torontino Celestino De Iuliis.

Il Centro Scuola ha inoltre al suo attivo importanti pubblicazioni che riguardano la storia dell'immigrazione; tra l'altre: *Dal-*

la Frontiera alle Little Italies 1800-1945, a cura di Robert F. Harney, *The Luminous Mosaic. Italian Cultural Organizations in Ontario*, a cura di Julius A. Molinaro e Maddalena Kuitunen, *From the Shores of Hardship: Italians in Canada*, opera postuma di Robert F. Harney, a cura di Nicholas De Maria Harney.

La sede del Centro Scuola al Columbus Centre è stata arricchita da una biblioteca che si è voluto intitolare a me, che ne sono stato il fondatore e il maggior contribuente; il suo fondo è di diecimila volumi d'argomento italiano e/o in italiano e consta di importanti sezioni specialistiche dedicate alla storia dell'arte, alla letteratura italiana e all'infanzia. Accanto alla biblioteca è stato allestito un museo con pregiate collezioni d'arte provenienti dall'Italia; vi figurano numerosi oggetti che illustrano la civiltà italiana, alcuni esemplari in mosaico, bellissime ceramiche di diverse scuole, maschere della commedia dell'arte, una sala dedicata a Leonardo da Vinci con riproduzioni in dimensioni reali di dipinti e facsimili dei codici pergamenacei, esemplari d'alto artigianato e delle arti e mestieri di un tempo, un'affascinante collezione di presepi provenienti da tutte le parti del mondo.

Da anni, il Centro Scuola, sia per la sua sede ricca di tante testimonianze della vita, della cultura e delle tradizioni italiane, sia per il grande impulso che esso dà alla vita culturale, rappresenta il cuore della collettività italo-canadese di Toronto.

Una delle componenti del nostro successo è stata l'esserci subito messi in viaggio verso la grande avventura del Centro Scuola aggregando nel gruppo dirigente persone di qualità, che poi, non casualmente, hanno rivestito ruoli d'eccellenza nella società canadese. Voglio ricordare, tra gli altri: il domenicano irlandese Leonard Boyle, che insegnava al Pontifical Institute of Medieval Studies di Toronto e poi diventò Prefetto della Biblioteca Vaticana; Tony Silipo che è stato Deputato nel Parlamento dell'Ontario e Ministro dell'Istruzione nel governo di Bob Rae; Nicola De Angelis, parroco in un quartiere occidentale di Toronto e poi Vescovo di Peterborough, che venne eletto fiduciario nel Consiglio d'Amministrazione del Metropolitan Separate School Board di Toronto (poi Toronto Catholic District School Board) e aveva concluso il suo dottorato in teologia con una tesi dedicata alla grande importanza dell'insegnamento delle lingue d'origine in età scolare. Fin dall'inizio, sono stati dei nostri alcuni prestigiosi accademici, quali Gianlorenzo Clivio, Julius Molinaro, Francesco Guardiani, e Salvatore Bancheri, tutti dell'Universita di Toronto, e il già estesamente ricordato storico Harney. Impossibile dimenticare straordinari personaggi come il medico Renzo Carbone, uno dei non moltissimi professionisti socialmente e culturalmente impegnati, Fabio Rizi, che sappiamo già chi è, l'avvocato Frank Soppelsa, ex professore d'italiano e ex calciatore professionista, un pilastro d'integrita morale ed intelletuale;il farmacista Laureano Leone, poi Deputato al Parlamento dell'Ontario e Presidente del Congresso Nazionale degli Italo-Canadesi, Sam Marafioti, illuminato dirigente delle scuole cattoliche di Toronto, lo scrittore Celestino De Iuliis, l'italianista Anna Maria Castrilli, avvocato e anche lei membro del Parlamento dell'Ontario.

Oggi si può certamente riconoscere come, ovviamente, il buon lavoro del passato abbia fruttato anche i semi per una buona prosecuzione.

13

Il furore contro le lingue "etniche"

Finché il multiculturalismo non è diventato uno dei pilastri della politica canadese, il problema del plurilinguismo è sempre stato fonte di guai e ha costituito l'ostacolo principale nella formazione dell'identità nazionale.

È difficile rendersi conto della rilevanza della questione linguistica, se non si tiene conto delle vicende che innervano i tre secoli di storia del Canada moderno. Può bastare, a titolo esemplificativo, soffermarsi sulla prima grande crisi esplosa intorno a questo genere di problematiche. L'epicentro della crisi fu la questione scolastica divampata nella provincia del Manitoba negli ultimi decenni dell'Ottocento.

Tutto cominciò nel 1887, quando venne riconosciuto alla minoranza religiosa dei mennoniti di Winnipeg il diritto di ottenere che l'educazione dei figli avvenisse utilizzando la lingua d'origine, cioè il tedesco. Dopo tre anni, quel diritto venne sospeso, il che avvenne anche per il francese, essendosi stabilito che, fatto salvo l'inglese, tutti gli insegnamenti linguistici non rientravano tra le competenze della mano pubblica. Piú specificamente, si trattava della soppressione del finanziamento pubblico alle scuole caratterizzate dall'essere cattoliche e nel contempo francofone, il che rappresentava una forzatura originata dal timore della componente anglofona del Manitoba di vedere compromessa la propria egemonia culturale e politica.

Nelle lontane vicende del Manitoba, che, in ragione della mai sopita aspirazione dei francofoni alla salvaguardia del proprio patrimonio linguistico-culturale, coinvolsero anche le province contigue, affonda le radici la fioritura dell'estremismo nazionalista francofono che tuttora investe problematicamente il panorama canadese.

Ovviamente, bisogna tenere ben presente quanto fosse determinante la portata dello strettissimo legame che sul finire dellOttocento esisteva tra espressione linguistica e credo religioso. Ci fu una complicata sequela di contrastanti prese di posizioni, manifestazioni pubbliche, scontri di piazza e trattative politiche. Grazie all'abilità diplomatica del Primo Ministro Laurier, si pervenne a un compromesso. Ma, i risultati della politica non ottennero lo sperato consenso presso la generalità della popolazione, nonostante il Papa in persona, Leone XIII, avesse riconosciuto che quel compromesso tra Laurier e il Premier del Manitoba costituisse l'unica ragionevole possibilità di soddisfacente composizione della controversia.

Il caso del Manitoba non rimase una questione locale: con rapidità, esso infiammò l'opinione pubblica dell'intero Canada, fino a diventare la chiave di volta nella competizione elettorale federale del 1896. Il Conservative Party, al potere da decenni, venne sconfitto. Comunque, il compromesso del Manitoba ebbe un successo imprevedibile, tanto che nel 1910 venne stimata al 40% l'entità dei ragazzi canadesi iscritti nelle scuole il cui regime didattico si basava sul bilinguismo.

Poi, la situazione si deteriorò progressivamente, sopra tutto negli anni della Grande Guerra, allorché andò montando un'ondata di isterismo contro l'insegnamento delle lingue parlate da popoli "nemici". Nel 1920 arrivò il colpo finale con la definitiva eliminazione di ogni forma di insegnamento bilingue e la proclamazione dell'inglese come unica lingua ufficiale, a parte il caso dell'inestinguibile francofonia del Québec.

Si dovrà arrivare agli anni Settanta per vedere la reintroduzione nella generalità del Canada dell'insegnamento di altre lingue oltre l'inglese. Ma, questo non fu un processo semplice e indolore, tanto piú per quel che riguarda l'italiano.

C'è però una questione che va considerata prima di arrivare alle vicende per l'introduzione dell'insegnamento dell'italiano nelle scuole pubbliche. Si tratta della battaglia per l'abolizione della discriminazione scolastica. Si tratta del far inserire i ragazzi italiani nel vero e proprio sistema scolastico, quello capace di guidare i giovani verso il pieno sviluppo della loro personalità, quello capace di dotarli degli strumenti idonei a rendere possibile il loro accesso a ogni genere e livello di formazione superiore.

Fino ai primi anni Settanta, i ragazzi italiani venivano avviati in quantità abnormi alle Vocational Schools, quelle che in Italia erano le Scuole Professionali, cioè istituti per i figli del popolo, dove tutto quel che si doveva imparare era un mestiere qualunque, buono per occupare un modesto ingranaggio nel sistema produttivo e ostativo verso qualsiasi tentativo di crescere socialmente e culturalmente al di là del livello di operai di bassa fascia.

Non era obbligatorio, ovviamente, finire nel tritacarne culturale delle Vocational Schools. Ma, si faceva in modo che di fatto cosí fosse. In primo luogo, si speculava sulla modesta o nulla conoscenza dell'inglese da parte dei genitori, con il mal consigliarli deliberatamente nella fase in cui c'era da scegliere l'istituto al quale iscrivere i ragazzi. C'erano poi altri metodi, ancor piú perversi, perché basati sull'umiliazione dei ragazzi. Per esempio, con ipocrisia degna del peggior colonialismo, allo scopo di dimostrare che non c'era altra strada percorribile davanti quella sorta di giovani che erano gli italiani poveri, si facevano delle selezioni attitudinali. Il tipo di test rimasto emblematico era quello del tostapane. Al ragazzo sotto esame veniva mostrato appunto un tostapane e gli si chiedeva di dire cosa fosse e a cosa servisse quell'oggetto. Quei ragazzi, che non il tostapane ma nemmeno il bel pane bianco a cassetta avevano mai visto in vita loro, né mai le loro modeste famiglie avevano avuto possibilità di tenere in casa, facevano ovviamente scena muta. Il che serviva a dimostrare che l'ignoranza di un oggetto tanto semplice e d'ordinaria utilità in qualsiasi casa canadese escludeva qualsiasi attitudine a un avvenire diverso da quello ricavabile attraverso la formazione nelle Vocational Schools.

Riuscimmo a far abolire del tutto le Vocational Schools, nell'interesse della crescita non solo degli italiani ma dei figli di immigrati di qualsiasi provenienza. Adesso, esistono altri modi per dare un qualche sbocco produttivo non a chi non sia d'origine anglosassone ma a chi non ha voglia di farsi strada nella società, quale che sia l'etnia d'appartenenza.

Uno degli elementi cruciali per affrancare i ragazzi italiani, e con loro tutti i figli di immigrati di qualsiasi nazionalità, dalla gogna delle scuole prive di opportunità di crescita, fu il documento "The immigrant child and the Vocational Schools" che presentammo al Toronto Board of Education il 5 Marzo del 1973. Il documento, frutto di un accurato lavoro di studio e elaborazione promosso dalla Faci, la Federation of Italian Canadian Associations and Clubs, conteneva, tra le altre, un'affermazione fondamentale di valenza tutt'altro che contingente:

> *Education for every child is a fact of Canadian life. Most of the immigrants who arrive in Canada have come specifically to provide a better standard of living for their offspring. In this society education is often the key to social success; therefore, to have a child denied the chance for a better education simply because his parents did not understand the alternatives is injustice of the higher order.*

Analogamente a quanto avevamo fatto nel caso delle Vocational Schools, la battaglia per l'insegnamento dell'italiano nelle scuole canadesi non riguardò solo il nostro orticello: fin dall'inizio, ci siamo sempre battuti per l'inserimento di tutte le lingue "etniche" tra le ordinarie materie di studio. Questa è stata una delle piú felici intuizioni del nostro movimento, avendo determinato un'alleanza tanto vasta e combattiva da diventare imbattibile.

In ragione di quanto detto finora, si può ben comprendere quali difficoltà abbia incontrato la battaglia per l'insegnamento dell'italiano nelle scuole pubbliche canadesi: difficoltà di variegatissimi generi e non solo presso l'opinione anglofona ma anche in seno alla comunità d'origine italiana.

La fase piú calda ebbe inizio nel 1977. Fino a quel momento, tutto quel che avevamo potuto ottenere erano poche decine di minuti d'insegnamento dell'italiano ogni settimana, nelle fasce orarie pomeridiane, con accesso facoltativo. Invece, con alle spalle la nuova legislazione dettata da Trudeau su immigrazione e multiculturalismo, puntavamo ormai a conquistare l'inserimento delle lingue "etniche" nei programmi curriculari. Con la battaglia per la nostra lingua madre, noi italiani costituimmo la punta di diamante dell'intero schieramento delle comunità di immigrati.

Il decorso di quella battaglia si protrasse a lungo, tra successi, marce indietro e nuove conquiste, fino alla definitiva stabilizzazione dei suoi esiti, maturata quasi in vista del nuovo millennio.

Notevole fu l'attenzione dei media in tutte le fasi della battaglia. Non mi riferisco solo al Corriere Canadese e alle altre testate radio, tv e cartacee espresse dalla comunità italiana, ma all'intero panorama canadese. Fu particolarmente serrata la cura posta nel seguire la questione dal Toronto Star, il quotidiano che fin dal 1892 rappresenta una delle piú autorevoli voci del giornalismo canadese.

Il 20 Ottobre del 1976, il Toronto Star riassumeva con chiarezza alcuni aspetti dei nuovi indirizzi didattici conseguenti all'introduzione dello Heritage Language Program da parte del Metro Toronto Separate School Board:

> *The Toronto Board's new policy emphasizes making staff aware of the needs and aspirations of ethnic communities, improving relations with them through a network of school-community workers and teaching languages other than English and French at the secondary level. At the elementary level, the Board supports using other languages in transition courses until a child learns English, and bringing discussion of ethnic groups into traditional subjects.*

Nel riferire che molti dirigenti e insegnanti del sistema scolastico «*feel ethnic studies overburden the teachers, hamper English instruction and create ghettos in the school*», il giornale offriva notevole risalto ai nostri punti di vista: «*Toronto teachers and principals who are opposed to helping children from immigrant families maintain their language and culture are out of touch with reality, according to ethnic community leaders*». In particolare, riportava dichiarazioni di esponenti della comunità greca e di quella polacca e prima ancora le osservazioni che a me erano state chieste nella veste di Presidente della Dante Society di Toronto:

> *Teachers who oppose ethnic studies today are overreacting to a situation they fail to understand. The Board of Education is on the right track because they've finally understood the new educational needs in our society. They shouldn't look at ethnic studies on a nationality basis. The immigrants uderstand they're Canadians now. But teachers must recognize the cultural pluralism in our world.*

Correttamente, veniva data voce anche a chi pensava cose differenti, come la presidente del Parent-Teacher Council della Eastdale Secondary School, la quale sosteneva: «*I'm not being bigoted, but I feel we have to draw the line somewhere*», perché «*We have reports of university students who can't write an English essay. If they're having trouble with English, why have them study another language?*». Dalle dichiarazioni dei consiglieri del Board, però, emergevano lucidità e saggezza. Dan Leckie: «*Obviously, any change is threatening for a little while*». Irene Atkinson: «*People don't generally realize how alienated these children are when they arrive here. We have to provide some sort of bridge between the home and school*».

Noi avevamo da combattere su due fronti: non bastavano le resistenze dell'apparato scolastico anglo-sassone; c'erano pure le difficoltà frapposte dalla diplomazia italiana. L'allora Console Generale di Toronto, in ragione del sostegno finanziario del governo di Roma, rivendicava il diritto suo e del suo apparato di dettar legge su didattica e nomine degli insegnanti in seno alle scuole canadesi, escludendo qualsiasi ruolo della comunità a tale riguardo. Il contrasto fu tanto clamoroso da travalicare l'ambito della comunità. Il Toronto Star ne dava conto il 4 Novembre del 1976 con un clamoroso servizio nel quale riportava anche una dichiarazione sacrosantamente ruvida di Laureano Leone, allora nella veste di Presidente del Congresso Nazionale Italo-Canadese che rappresentava piú di un milione di Italian Canadians:

> *Italy insists on looking upon Italians in Canada as a colony of migrants. We're proud of our Italian heritage, and we want to teach Italian language and culture to our children, but the Italian government shouldn't be running this program. The influence of the consul-general tends to encourage children to identify more with Italy than an Italian-Canadian culture. We want Italian classes with an Italian-Canadian context.*

L'atteggiamento della diplomazia italiana comportava implicazioni gravissime: mentre la comunità italiana di Toronto lavorava per raggiungere l'obiettivo dell'inserimento dell'insegnamento dell'italiano tra le attività didattiche ordinarie, la posizione del Consolato ci faceva correre il rischio di perdere anche l'insegnamento come attività facoltativa. Non per caso, in un editoriale del 9 Novembre, emblematicamente titolato «*Keep foreign governments out*» l'anima profonda, quella anglo-sassone, del Toronto Star coglieva la palla al balzo: «*In about 10 separate schools in the city, 5.000 Italian children are being taught the language and culture in a program paid for by the government of Italy... Ontario education regulations prohibit foreign government funding and influence in Canadian schools*». Tuttavia, superammo anche il fastidioso inconveniente dell'atteggiamento consolare: la consistenza e il prestigio della comunità italiana, unitamente al buon lavoro di noi che ne curavamo gli interessi, seguitarono a conseguire importanti passi avanti.

La mia esperienza di educatore mi dava modo di capire meglio di tanti altri sia le problematiche didattiche sia le esigenze delle famiglie e degli studenti. Il successo del mio impegno determinò la mia elezione a portavoce delle Metro Communities for International Languages.

Presso le autorità politiche e scolastiche, il ruolo di Caroline accanto a me fu importantissimo: non solo per via della sua intelligente visione delle cose e della sua preparazione professionale, ma anche perché pure lei era un'immigrata, sebbene proveniente da un Paese come gli Usa, che in quel tempo guardavano il Canada dall'alto in basso. Per di piú, Caroline era donna, il che le conferiva una straordinaria autorevolezza in un contesto come quello canadese. Ma, non solo, lei era una tipica espressione dell'America che conta: faceva impressione che una persona come lei esprimesse idee poco seguite, in quel tempo, nell'establishment: una donna, bianca, anglo-sassone, d'elevata condizione culturale e sociale, proveniente dagli States, addirittura da città illustri e sofisticate come Filadelfia e Boston, e infine di religione cattolica come larga parte dei canadesi. Le componenti etniche erano orgogliose di sentir appoggiare le loro ragioni da una persona di quel genere, mentre i decisori provavano forte imbarazzo nel cercare di controbattere gli argomenti di quel concentrato di autorevolezza.

Durante la battaglia per ottenere l'insegnamento ufficiale dell'italiano nelle scuole pubbliche vi furono ostacoli anche da parte degli ambienti meno progressisti della comunità italiana. Tuttavia, furono gli anglofoni a scatenarsi in asprezze d'ogni genere. Una signora irlandese, in particolare, mi tempestò per giorni e giorni di telefonate irritate e spesso anche minacciose. Una volta mi disse: «*Tutti devono studiare l'inglese. Altre lingue non servono. Se non ti sta bene, tornatene in Italia con la stessa nave con cui sei arrivato*». Mi sembrò di averle devitalizzato tutta la carica di furia che aveva in corpo, con lo squillare soavemente il mio miglior inglese: «*Mi dispiace, io sono arrivato in aereo e comunque sono cittadino canadese e ho tutti i tuoi stessi diritti*». Invece, quella non si diede per vinta e di lí a qualche giorno tornò di nuovo a farsi viva.

Quella fu una grande sofferenza. Dovemmo far capire che l'inglese lo conoscevamo e che i nostri figli lo conoscevano altrettanto bene, se non addirittura meglio, dei giovani provenienti da famiglie anglosassoni. Dovemmo far capire che la questione era tutt'altra, che si trattava di mantenere in vita un'eredità culturale, che quell'eredità avrebbe costituito un arricchimento utile non soltanto ai nostri ragazzi ma all'intera società canadese. Questi sono concetti molto facili da capire al giorno d'oggi. Ma, negli anni Settanta, le cose furono alquanto difficili. Tuttavia, con perseveranza e buone maniere fummo capaci d'andare avanti e d'avere successo.

Quella che nel 1976 era sembrata una battaglia vinta veniva rimessa in discussione appena un anno dopo, come del resto in prosieguo di tempo sarebbe accaduto di nuovo piú d'una volta.

Nel Febbraio del '77, avevamo presentato un memorandum al Ministro dell'Educazione dell'Ontario, Tom Wells, nel quale, tra l'altro, raccomandavamo «*The Government of Ontario should make a clear statement of interest, concern and support for educational and cultural projects proposed by appropriate organizations in the Italian sector, to be expressed in relevant legislation*». Il successivo 4 Maggio, il Premier William Davis aveva annunciato l'avvio di una nuova politica e lo stanziamento di consistenti fondi per l'insegnamento della "terza lingua". Tuttavia, la sostanza di quell'annuncio suscitò perplessità e delusione, tanto che io e gli altri membri del Committee for the Accreditation of Third Languages in Ontario elaborammo una serie di considerazioni, la cui formula riassuntiva recitava cosí: «*Frankly, in it's present form, the Heritage Language Program simply does not meet the legitimate cultural-linguistic rights of a significant number of the population of Ontario. Unless serious amendments are made to the newly announced Program, we sincerely feel that the creditability of Ontario's commitment to multiculturalism will be seriously undermined*». Con me, che rappresentavo il Congresso Nazionale Italo-Canadese, firmarono Athanassios Foussias per la comunità greca, Imants Purvs per i lettoni, Michael Wawryshyn per gli ucraini e Ruth Lee per le comunità di lingua ispanica.

Le ambiguità del governo dell'Ontario favorirono il rianimarsi delle correnti d'opinione che per il multiculturalismo non avevano simpatie. All'inizio del nuovo anno scolastico, alcuni genitori anglo-sassoni minacciarono di scendere in sciopero. Il Toronto Star del 1° Novembre '77 riferiva che «*angry parents across Metro will keep their children home from school for a day*» se «*the policy on foreign language classes during the day is not changed*». Il principale argomento dei contestatori stava nel sostenere che la parte del normale orario scolastico destinata agli insegnamenti linguistici avrebbe sottratto tempo prezioso all'apprendimento cui i ragazzi avevano diritto.

Il 22 Novembre il Toronto Star prese fermamente una posizione che tagliava la testa al toro. In uno dei servizi dedicati alla questione, riportò le mie dichiarazioni, questa volta rese nella qualità di direttore del Centro Scuola e Cultura Italiana:

> *Parents are complaining about Heritage Language courses through prejudice or bigotry. Most of the things they are saying simply aren't true. We would never be in favor of the language programs if they would endanger the learning of English. We want to be integrated. We want to make it in Canada. Studies have shown the foreign language reinforces a student's learning skills for other subjects. It creates a better psychological environment for the child when there is no conflict at home – because of communication difficulties – or within the child. Ho does not have to ask: "Who am I?"*

Il colpo di grazia al movimento di contestazione venne quello stesso giorno con l'editoriale. Sotto il titolo «*Helping immigrant youth adjust*», venivano sviluppate inequivocabili argomentazioni, le quali, partendo dal sostenere che l'eventuale successo dei contestatori «*would be a severe blow to multi-cultural education in Toronto*», finivano con l'affermare solennemente: «*Long ago, Canada decided it would not be a "melting pot" like the United States. We chose not to boil off a man's native ways and pressure him to be a cultural clone of his neighbor. Instead, we preferred to be a nation of two official languages and a mighty mosaic of cultures and religions. We hare the happier and the richer for it*».

Nuove allarmanti crisi seguirono nei primi anni Ottanta, per via della minaccia di tagli di bilancio che avrebbero determinato l'abolizione dell'insegnamento della "terza lingua". Ci fu anche uno sciopero degli insegnanti, che chiedevano l'eliminazione della "terza lingua" dall'ordinario orario delle lezioni. La questione andava ben oltre le rivendicazioni salariali ufficialmente addotte: si trattava di un vero e proprio boicottaggio ideologico contro l'Heritage Language Program. Noi contrastammo con forte determinazione quel tentativo di svuotamento della politica del multiculturalismo e trovammo convintissimi alleati in seno alle altre comunità, dai portoghesi e spagnoli ai greci e cinesi. Ne nacque una grandiosa manifestazione davanti la sede del Board of Education, grazie alla quale tutti coloro che dovevano capire compresero benissimo quale strada si dovesse imboccare per dare soluzione alla crisi.

L'insieme di quelle prove offrí al Toronto Star l'occasione per tracciare una panoramica sull'intero corso della poliennale vicenda. Nell'edizione del 29 Marzo del 1983, il giornale dedicò un lungo articolo alla mia azione, titolando «*He carries the torch for heritage courses*». L'articolista, Hamlin Grange, scrisse, tra l'altro:

> *Language is an important part of any culture, says Alberto Di Giovanni, and for the past six years he has been fighting to have Italian taught to students as part of the regular curriculum in Metro schools. It hasn't been an easy task but Di Giovanni loves challenges. Making heritage languages – other than English and French – part of the regular school day has been a hot issue for the past six years and Di Giovanni has been at the centre ... Di Giovanni says the critics don't understand the aims of the program and many of them are "bigots". He says: "North Americans have been accustomed to looking at the world one way, but now they will have to realize there are other people living among them. I don't deal with the bigots. You can't. You deal with people who aren't knowledgeable of the issue and sensitize them to create dialogue".*

Difficoltà d'ogni genere e tentativi d'abolizione della "terza lingua" si susseguirono quasi di anno in anno. All'inizio di Dicembre del 1993 preparai uno studio con il quale il Centro Scuola e Cultura Italiana, d'intesa con la Canadian Society for Italian Studies, la Dante Society of Toronto e la Canadian Italian Business and Professional Association, si riprometteva di ottenere finalmente un punto fermo da parte della Royal Commission on

Learning del governo dell'Ontario. Alcuni degli argomenti fondamentali in quel documento erano i seguenti:

> *We want our children to have a realistic and inclusive introduction to history that identifies all the great civilizations of the world. Our children must understand their nation, Canada. They must have a knowledge and awareness of the history and civilization of the native people, the historic traditions of the French and English in Canada and the social and cultural contribution made by people who came from all over the globe. That is the approach to geography and history that our children need. They need to see themselves and all their neighbours having a vital role in the world of today.... The findings of a considerable number of recent studies suggest that additive forms of bi/trilingualism can positively influence academic and cognitive functioning. There is also evidence that bi/trilingual children are better able to analyse linguistic communication than unilingual children. We suggest that availability of international languages in elementary schools, as part of the total educational process, will not only benefit the child now, but also in the future as Canada's international role expands and communication in different languages becomes a necessity.*

I dati statistici già all'inizio degli anni Novanta dimostravano quali straordinari risultati avessimo conseguito. Negli istituti del Toronto Catholic District School Board sono iscritti annualmente oltre 100.000 studenti, provenienti da un'ottantina di Paesi. Il 33% frequenta i corsi di lingua, che per il 60% sono quelli di italiano, curati da 50 a 60 insegnanti di madrelingua. Percentuali di frequenza dall'11% a scendere riguardano il portoghese, il polacco, lo spagnolo e l'ucraino, che sono le altre quattro lingue inserite nei piani di studio della mattina. Per una ventina di altre lingue ci sono corsi tenuti in orari pomeridiani e il Sabato.

Ma, cos'è la "lingua"? E quanto conta nella vita delle persone? In Italiano, è solo mediante il contesto che si può capire se con la parola "lingua" s'intenda l'organo della cavità orale dal quale dipende l'articolazione del linguaggio oppure l'insieme delle convenzioni funzionali alla comunicazione orale e scritta tra le persone. In Inglese, sebbene la medesima ambivalenza caratterizzi la parola "tongue", nell'uso corrente non c'è possibilità di confusione, perché con "tongue" s'intende l'organo anatomico e con "language" il linguaggio.

Già in forza di un cosí banale esempio si può comprendere con quali difficoltà d'intendimento e d'espressione abbiano dovuto misurarsi gli italiani nei decenni della grande ondata immigratoria in Canada, Paese nel quale essi arrivavano senza possedere una sia pur minima cognizione né dell'Inglese né di qualsiasi altra lingua. Per di piú, le difficoltà d'interazione con gli anglofoni, come pure con gli altri immigrati provenienti dalle piú diverse parti del mondo, s'appesantivano perché ogni interlocutore gestiva una diversa inflessione sia dell'Inglese sia della rispettiva lingua-madre. Inoltre, era complicato intendersi anche tra italiani: ben pochi tra loro padroneggiavano l'Italiano vero e proprio: un veneto come poteva comunicare il concetto di "tosa", se ignorava non solo che in Inglese si dice "girl" ma anche che l'equivalente italiano è "ragazza"? E un siciliano, che del suo "parrino" ignorava il corrispondente "priest" inglese come pure l'italiano "prete"?

Imparare l'Italiano non era meno importante dell'imparare l'Inglese, perché la padronanza della lingua madre condivisa è la premessa indispensabile per il superamento di quella frammentazione sociale che deriva dall'incomunicabilità tra conterranei e impedisce il formarsi di una coscienza collettiva capace di generare quell'energia identitaria che è essenziale per non soccombere in un contesto altamente competitivo e culturalmente estraneo. La necessità per gli italiani trapiantati all'estero di imparare la propria lingua madre ha un retroterra sperimentale che risale al 1841. Fu allora che Giuseppe Mazzini fondò la Scuola Italiana di Londra, iniziativa pensata per dare a centinaia di ragazzi italiani i minimali strumenti di comunicazione necessari per difendersi dai soprusi e dalle violenze di quell'ambiente di sfruttatori senza scrupoli che tutti conosciamo attraverso l'Oliver Twist di Charles Dickens.

Per gli italiani adulti le cose in Canada erano un po' meno difficili che nella Londra di Mazzini e Dickens: tendi un orecchio di là e aguzza l'ingegno di qua, un po' tutti riuscivano a gettare un ponte tra l'Italiano, l'Inglese e i rispettivi dialetti. Da questo collettivo sforzo d'interazione parlata venne formandosi lentamente un frasario di sopravvivenza con il quale, una volta afferrato che l'irripetibile "pick and shovel" era il gemello inglese di "picco e pala", ci si semplificava la vita e ci si faceva capire da tutti dicendo "pic-ensciàbol". Analogamente, da "park the car" e "parcheggia l'automobile" s'arrivava a "parca lu carru", da "candy" e "caramella" nasceva "chenda" e "the cake", alias "la torta", diventava "la checca".

Fu cosí che la lingua degli italo-canadesi, con il passare degli anni, arrivò a diventare un Inglese ogni giorno meglio coltivato, mentre l'Italiano (o quel poco che ne sussisteva al momento dell'approdo in Canada) regrediva a malconcio e non di rado comico gergo, sempre in bilico tra varietà dialettali, Italiano antiquato e Inglese bastardo.

Per bambini, ragazzi e giovanotti, le cose marciavano in ben altro modo: a scuola e all'università s'imparava un Inglese di qualità, il che ovviamente fruttava un eccellente apprendimento in tutte le discipline curriculari, scioglieva da timidezze, ritrosie e imbarazzi, spianando la strada verso una vita sociale spigliata e sviluppi lavorativi svincolati da complessi d'inferiorità.

Diventiamo tutti anglofoni e mandiamo al macero ogni residuo di quell'Italia dalle cui ristrettezze abbiamo dovuto fuggire? In una prima fase sí, fu "sí" la risposta che quasi tutti gli immigrati italiani concepirono e alla quale si conformarono. Infatti, perché sottrarsi all'omologazione nel tessuto anglo-sassone?: il lavoro, bene o male, c'era, la situazione generale, grosso modo, era soddisfacente, buoni e apprezzati cittadini lo si era (pur fatte salve un po' di quelle eccezioni che mai difettano e sempre concorrono a rinsaldare la regola generale).

Successivamente, il sentimento generale mutò di segno: l'essere "Canadians" non bastò piú; fermi restando l'affetto e la perfetta lealtà verso la nuova patria, si volle essere orgogliosamente "Italian-Canadians". Che era successo?

I giovani scoprivano a scuola la magnificenza e la grandezza dell'Italia, la sua storia plurimillenaria, il suo patrimonio di bellezza, ingegno e creatività. Qualcosa di simile accadeva a genitori e nonni, i quali, tra colleghi di lavoro, vicini di casa e amici, scoprivano sentimenti di venerazione, se non addirittura d'invidia, per quella loro patria lontana e della quale troppo a lungo avevano ignorato lo smagliante risvolto dell'amara medaglia che a loro era toccato di viversi. Cosí, lentamente, si fece marcia indietro. Le nuove parole d'ordine diventarono: recuperare, riscoprire, ritrovare, non disperdere, non rinnegare, non dimenticare! Da allora, la coltivazione della lingua italiana è diventato il modo privilegiato per non spezzare e anzi rinsaldare il legame con la terra degli antenati e con quella sua civiltà che per secoli era stata maestra al mondo.

Questa inversione di tendenza, però, sarebbe stata possibile e, sopra tutto, essa avrebbe avuto il successo che oggi tutti riconoscono, se l'anello di congiunzione tra la lingua italiana e le nuove generazioni fosse stato spezzato, se la battaglia per l'insegnamento dell'italiano nelle scuole canadesi non fosse stata inventata, combattuta e vinta, se al furore contro le lingue "etniche" dispiegato dagli ambienti anglo-sassoni piú retrivi gli Italian Canadians non avessero saputo opporre la loro inflessibile, pacata e ben argomentata azione di costruttivo dialogo?

14

Il ruolo dei mezzi d'informazione

Se il Canada è uno dei casi tipici di "società dell'informazione", non è certamente casuale che proprio il Canada abbia dato i natali a Marshall McLuhan, massimo studioso degli effetti della comunicazione sulla società e sugli individui e autore della celebre tesi secondo la quale "il medium è il messaggio".

Ovviamente, alla ricchezza di media che caratterizza la quotidianità canadese non poteva certamente restare estranea una componente tanto vasta e importante qual è quella di ascendenza italiana, nel cui seno fioriscono da sempre numerosissime testate, d'ogni genere di periodicità e non solo cartacee ma anche radiofoniche e televisive.

In questo ricchissimo e multiforme panorama si stagliano due grandi figure di pionieri e protagonisti della nascita e dell'affermarsi dei mezzi d'informazione nella comunità italo-canadese: Dan Iannuzzi e Johnny Lombardi.

Iannuzzi fonda nel 1954 il giornale "Corriere Canadese" e s'impegnerà poi anche nella creazione dell'emittente Mtv e di Canale 47, primo network multiculturale del Canada. Ma, il Corriere Canadese rimane il capolavoro della sua vita, un capolavoro che egli, dopo 35 anni di dedizione assidua e generosa, riuscirà a condurre all'impegnativo traguardo della trasformazione in quotidiano. Nell'editoriale del 2 Aprile 1990, prima uscita della nuova stagione quotidiana, scriveva che il suo era «*un giornale che interpreta la realtà, un giornale appunto d'informazione, d'opinione e d'intervento, un giornale scritto sia in italiano che in inglese*». Il perché di quest'ultima specificità lo spiegava nella versione inglese dell'editoriale: «*To serve both first generation readers and their children, who are now poised to become leaders in business, the professions and their community*». Aggiungeva, poi, che il nuovo Corriere Canadese intendeva essere «*a newspaper for Canadians who take pride in their heritage*».

Nel 2004, la scomparsa di Iannuzzi, accolta con un dolore intenso e profondo dalla comunità, lasciò a tutti una notevole eredità culturale. Nel mio ricordo, apparso sul giornale il 23 Novembre, scrivevo, tra l'altro:

> *Imparziale, sereno, nei giudizi, Danny prendeva spesso la parte dei piú deboli perché vedeva questo come un dovere da parte del giornale. Ha creduto come pochi nel mantenimemto e nella divulgazione della lingua e cultura italiana, difendendo sempre in primo piano e in prima persona i valori linguistici e culturali della comunità.*

Due anni prima di Iannuzzi s'era spento Johnny Lombardi. Due vite parallele. Due protagonisti tra gli artefici di quella rivoluzione sociale e culturale che ha trasformato profondamente il Canada, facendo di una delle tante società multietniche presenti nel mondo un'autentica comunità multiculturale.

Lombardi, lasciatesi alle spalle una promettente carriera da musicista e brillanti prove da cronista, poi l'esperienza militare, che tra l'altro lo aveva visto impegnato nel grandioso e decisivo sbarco degli Alleati in Normandia, e poi la condivisione di una fortunata azienda d'importazione di prodotti alimentari italiani, intraprese infine la strada da cui non si sarebbe piú allontanato. Per quindici anni condusse alla Chum Radio un programma di musica italiana, coltivando nel frattempo il ben piú ambizioso sogno di dar vita a una sua emittente radiofonica. Nel 1966, il sogno diventò realtà con la fondazione di Chin Radio. Nella denominazione della sua creatura aveva racchiuso il manifesto programmatico del progetto da sviluppare: la felicità di vivere nell'ambiente multiculturale offerto dal Canada. "C" stava per Canada, "H" per happiness e "IN" per international. Nel corso degli anni, la Chin diventò un impero, con i programmi radiofonici diffusi in italiano e in altre 30 lingue, con un seguitissimo network tv, con la produzione di spettacoli coinvolgenti i piú popolari artisti della scena italiana e anche con il famoso Chin International Picnic, che ogni anno richiama decine di migliaia di partecipanti sulla vasta isola che in mezzo al Lago Ontario fronteggia Toronto.

Se il lavoro di Lombardi è stato di eccezionale rilievo nell'ambito della comunità italiana, esso, con il dar voce e importanza a tutte le comunità di immigrati, ha non di meno offerto una concreta dimostrazione di come vada rettamente inteso il concetto di "mosaico canadese". Ne dava giustamente atto padre Gregory Botte nell'omelia pronunciata il 25 Marzo del 2002 per il suo funerale: «*Johnny realized that behind the mosaic are only pieces of broken glass. Many different colours, many different shapes, a lot of broken pieces, but put it together, it's spectacular*».

Grazie a Lombardi e Iannuzzi e a quanti con loro hanno collaborato, a cominciare da Odoardo Di Santo e Gino Fantauzzi, per non dire di Umberto Manca, Angelo Persichilli e Benito Framarin, i media hanno avuto un ruolo importante per l'ampia e corretta formazione dell'opinione pubblica: con i mezzi d'informazione, le notizie circolano e si amplificano nel territorio, dando alla comunità italo-canadese, anno dopo anno, un impareggiabile contributo per l'incremento di prestigio e potere nell'ambito della nazione.

Oltre a quanti ho appena citato, mi piace evocare il contributo venuto da altre firme di alto livello professionale. Con loro sono state condivise battaglie memorabili nell'interesse della comunità italo-canadese: da Antonio Nicaso, autore di diversi volumi sul crimine organizzato, a Antonio Maglio. E poi le pagine sportive con Tino Baxa, Nicola Sparano e Paolo Canciani, quest'ultimo anche acuto osservatore delle vicende comunitarie, prima con la *Multilingual Television* di Iannuzzi, poi con *Telelatino* e infine con la *Chin.*

Nei primi anni, Lombardi e Iannuzzi erano stati a sostegno dei "Notabili", probabilmente anche perché da questi ricevevano supporti finanziari. In una certa fase, tentarono anche d'inserirsi nei ranghi del notabilato, però non tardarono a rendersi conto che i tempi stavano cambiando. Le loro posizioni assunsero un po' alla volta orientamenti sempre piú marcatamente progressisti, facendosi portatrici delle vere esigenze della maggioranza degli italo-canadesi: ben presto, entrambi capirono di dover lasciare i "Notabili" al loro destino e di dover invece dare spazio e evidenza alle voci provenienti dal basso.

Fin dall'inizio, tra di loro avevano ingaggiato una spietata concorrenza, anche perché chi riusciva a conquistare maggior peso otteneva maggiori introiti, specialmente per quanto riguarda i proventi pubblicitari. Però, quella competizione finí col trasformarsi in una lotta sul terreno del chi riusciva a servire nel modo migliore gli interessi della comunità.

Sia il Corriere che la Chin s'impegnarono vivacemente nel propagandare e sostenere le grandi lotte, da quelle per i diritti dei lavoratori e per la sicurezza nei luoghi di lavoro a quella per l'insegnamento dell'italiano nelle scuole pubbliche.

Distintissima fu la funzione di entrambi nel sottrarre ai "Notabili" quote crescenti del loro smodato e immotivato potere e nel valorizzare invece il ruolo e le iniziative del movimento sindacale.

Memorabile la battaglia per il Workmen' Compensation Board, cioè l'equivalente dell'Inail in Italia, affinché con la sua istituzione si pervenisse a erogare una giusta assistenza ai lavoratori colpiti da invalidità. Da notare che proprio da italiani era composta la maggior parte dei colpiti da infortuni sul lavoro e che il Corriere, tradizionalmente di orientamento conservatore, non esitò a schierarsi apertamente contro il governo conservatore, impegnato nell'osteggiare aspramente quella innovazione di gran valore sociale.

Si trattava di lotte estremamente difficoltose, anche perché la componente anglo-sassone dei sindacati non vedeva di buon occhio gli immigrati in generale e gli italiani in particolare: "tolgono il lavoro a noi, facendosi pagare di meno". In realtà, come sempre e ovunque, gli immigrati erano sottoposti a un pesante sfruttamento da parte delle imprese: paghe basse, orari pesanti, sicurezza e previdenza sociale inesistenti. Il loro sfruttamento e le misere condizioni di vita erano la ragione principale degli infortuni, i quali non per caso colpivano in particolare gli italiani, che lavoravano con competenza e produttività ben superiori alla media e conducevano vite assai spartane, dedicate in primo luogo a mandar soldi alle famiglie lontane.

La lotta per l'assicurazione contro gli infortuni sul lavoro diventò un argomento d'interesse generale, nonché un potente fattore di successo per l'istituzione del Workmen' Compensation Board, anche grazie a un'iniziativa alla quale inizialmente pochi avevano attribuito un valore superiore a quello d'una qualunque goliardata. Si trattò d'una pantomima messa in scena nel corso del tradizionale pic-nic sull'isola dell'Ontario, quell'anno, il 1970, organizzato dal Corriere Canadese. Il momento culminante di quell'edizione della festa, contrariamente al solito, non fu né il concorso di bellezza femminile né la grande spaghettata conclusiva, ma la pantomima dedicata alla sicurezza nei luoghi di lavoro. A ispirare lo spettacolo era stata la scandalosa sentenza di un giudice, il quale, niente di meglio aveva trovato, per scagionare da ogni responsabilità il datore di lavoro, che attribuire al vento la colpa del grave infortunio di cui erano rimaste vittime tre operai. La notizia dell'inusuale quanto emozionante spettacolo veicolò l'interesse per la drammatica questione messa in scena, conquistando spazio e risalto su tutti i mezzi d'informazione.

Alla morte di Lombardi, all'improvviso tutti s'erano resi conto che era venuto a mancare un grande comunicatore, larghissimamente popolare, anche se nel contempo populista. Il suo era un linguaggio semplice, fatto d'una mescola di inglese e dialetti italiani, ma i contenuti erano sempre di esemplare saggezza. Voglio citare due delle sue innumerevoli espressioni memorabili: «*Avete fatte 'na bona giobba!*» ("Avete svolto un buon lavoro!") e «*Parlate po-*

co, ma dicite assai!» ("Parlate poco, ma dite tanto!"). Il testimone di Johnny passa nelle mani del figlio, Lenny, pronto a gestire l'eredità paterna sul piano amministrativo come su quello della programmazione, con un approccio che sa costantemente adeguarsi al mutare dei tempi.

Diverso il futuro del *Corriere Canadese*. Iannuzzi era un personaggio sofisticato, quanto al linguaggio e quanto alle idee. «*Proudly Italian, fiercely Canadian*» era il suo motto e quella concezione di vita aveva ispirato un'intera generazione. Quella non era retorica, ma un realistico modo di interpretare la società canadese nella sua costitutiva multietnicità. Sfortunatamente, alla scomparsa di Iannuzzi nessuno seppe raccoglierne il messaggio. Il *Corriere Canadese*, pur seguitando a giungere puntualmente in edicola, aveva smarrito la propria "identità", evidentemente anche per via dei condizionamenti derivanti dal sostegno finanziario del governo italiano. Prova difficile, certamente, quella del dopo-Iannuzzi. Tuttavia, il *Corriere* aveva saputo superare nel passato prove non meno difficili, anche se in quelle circostanze la genialità di Iannuzzi era stato l'ingrediente determinante, con il suo riuscire sempre a inventare qualcosa per superare gli ostacoli e addirittura per far meglio di prima. L'inevitabile è stato reso noto il 4 Maggio 2013 con uno stringato comunicato-stampa che annunciava la sospensione delle pubblicazioni. Con quelle poche parole sembrava chiudersi definitivamente, dopo piú di mezzo secolo, una pagina gloriosa della storia italo-canadese. Ma, non è finita qui, a quanto pare.

Se, per gli italiani di Toronto, Iannuzzi e Lombardi sono stati i principali protagonisti nel mondo dell'informazione, tuttavia non sono stati certamente pochi i tentativi per dar corpo a voci alternative. Per quanto riguarda le testate cartacee, le iniziative sono state innumerevoli, ma nessuna di esse è riuscita a affermarsi stabilmente, fatta salva quella riguardante *Lo specchio*. Fondato come mensile nel 1984 da Sergio Tagliavini, reduce da un'esperienza presso il *Corriere Canadese*, il giornale assunse subito la cadenza d'uscita quindicinale, divenuta poi settimanale. *Lo specchio* era nato come periodico d'informazione a servizio di specifiche comunità locali, quella di North York e quella di York, affermandosi poi come voce di un'importante comunità ubicata a nord di Toronto, quella di Vaughan, dove viene distribuito gratuitamente a circa diciottomila famiglie.

Tagliavini e il suo partner Tozzi si sono distinti anche per essere i promotori di due importanti iniziative comunitarie: la realizzazione del monumento agli Italiani_Caduti sul Lavoro, eretto all'intersezione tra la Highway 7 e Islington Road, e l'organizzazione, ormai da un quarto di secolo, del Festival di Woodbridge.

Nell'ambito televisivo, non si può non ricordare il contributo di Emilio Mascia, molisano di origine. L'esordio di Mascia avvenne in tempi pionieristici, gli anni Sessanta e Settanta, con un programma domenicale di mezz'ora sul Canale 22 di Hamilton. Il programma, basato su un notiziario che dall'ambito locale spaziava fino al panorama nazionale e internazionale, dedicando significativa attenzione agli eventi sportivi, era popolarissimo. Ma, all'apice del successo, invece di aderire alle richieste di ampliamento del programma in onda da Hamilton, Mascia volle avviare un'impresa di ben piú vasto impegno: ottenuta la licenza per un canale dedicato interamente all'italiano e allo spagnolo, diede vita a *Telelatino*. I primi anni furono segnati da un buon successo, ma poi, con l'abbandono di Mascia e l'attivazione di *Rai International*, i programmi di *Telelatino* si svuotarono degli originari contenuti sociali e comunitari, finendo con il diventare quasi irrilevanti per la comunità italo-canadese.

Rai International aveva potuto diffondere i suoi programmi in Canada solo dopo aver vinto un'accesa lotta con *Telelatino*. Tuttavia, la sua attrattiva, dopo pochi anni, s'affievolí notevolmente: aveva subito tagli tecnico-finanziari significativi da parte dell'alta dirigenza Rai; però, anche dopo i successivi recuperi, il mordente dei suoi programmi non seppe riguadagnare l'interesse originario presso gli italo-canadesi. Eccezion fatta per gli appassionati del calcio e, di tanto in tanto, delle trasmissioni basate sulla musica leggera, *Rai International* è ormai uno strumento distante dalla sensibilità degli italo-canadesi: non contribuisce a far conoscere l'effettiva realtà italiana e, nel contempo, non riflette mentalità, esigenze e aspirazioni degli italiani all'estero.

Assai piú attento alla comunità italo-canadese e da questa molto seguito è stato a lungo il *Canale O.m.n.i.* del potente network Rogers, che aveva rilevato il Canale 47 di Iannuzzi. Sebbene con uno spazio non amplissimo riservato ai programmi in lingua italiana, *O.m.n.i.* ha ottenuto un notevole successo, anche per via del suo stile accattivante e innovativo, frutto di un efficace lavoro d'équipe: la sua equilibrata copertura degli eventi internazionali, canadesi, italiani e comunitari si basava sul principio della televisione di servizio e dava luogo a risultati qualitativamente d'eccellenza, nettamente diversificati rispetto all'abituale provincialismo dei programmi etnici. In tal modo, *O.m.n.i.* ha guadagnato una solida reputazione come modello che fa scuola nel mondo dell'informazione. Però, gli sviluppi recenti vanno in tutt'altra direzione: i programmi in lingua italiana sono stati drasticamente ridotti, compresi notiziari e spazi pubblicitari, e, quel che appare ancora piú grave, essi hanno perduto il corredo di approfondimenti politici e culturali che nel passato li aveva felicemente caratterizzati.

Grande interesse ha destato negli ultimi tempi la rinascita del *Corriere Canadese*, finalmente tornato in edicola. La testata è stata rilevata da un gruppo di imprenditori finora anonimi, dei quali è rappresentante Joe Volpe, personalità che ha alle spalle una storia importante. Arrivato dalla Puglia nel 1955 e laureatosi a Toronto, ha svolto una carriera come insegnante, è stato un esponente eminente del Liberal Party, ripetutamente eletto nel Parlamento federale e piú volte Ministro. La sua storia personale e la sua forte personalità lasciano immaginare che Joe Volpe saprà fare nuovamente del *Corriere* quel punto di riferimento che è sempre stato e che è necessario nell'ambito della comunità italo-canadese. Il successo della prima fase di rinascita è stato notevole, caratterizzato anche da un'impegnativa dedizione a battaglie d'alto profilo nell'interesse generale. Insomma, il principale giornale in lingua italiana del Nord America è di nuovo autorevolmente in campo!

Da un atteso ritorno a un lieto debutto, tanto piú benvenuto in quanto frutto dell'entusiasmo e della professionalità di uno staff giovane e ben motivato: la rivista mensile a diffusione gratuita *Panoram*. Già da tempo attiva a Montreal, *Panoram* negli ultimi tempi ha debuttato a Toronto e subito s'è guadagnato un pubblico attento. Ben fatta redazionalmente e graficamente, è ricca di notizie interessanti su tutti gli aspetti della vita italo-canadese: merita plauso, incoraggiamento e un sincero augurio di lunga vita.

15

L'emigrazione e le politiche del governo italiano

L'ultimo Paese che ha abolito la schiavitú è stato il Brasile. Lo fece nel 1888 e da quel momento i grandi proprietari terrieri, di fronte alla necessità di sostituire gli schiavi, ispirarono la gigantesca campagna promozionale con cui le autorità brasiliane invitarono per anni i lavoratori europei a trasferirsi in quello che veniva vantato come un autentico paradiso. Manifesti e opuscoli estremamente accattivanti e, sopra tutto, l'anticipazione del denaro necessario per le spese di viaggio sedussero un'infinità di povera gente. Gli italiani furono la componente largamente maggioritaria di quella ipotetica corsa verso la felicità. Ovviamente, una volta a destinazione, la realtà si configurava in termini ben diversi, perché le condizioni sociali e di lavoro altre non erano se non esattamente quelle conosciute nei secoli precedenti dagli schiavi. Ci vollero quattordici anni, già quattordici anni!, per varare da parte del governo italiano un provvedimento che ostacolasse quella mostruosa opera di sfruttamento. Fu, infatti, solo nel 1902 che il Ministro degli Esteri Giulio Prinetti, emanando il decreto che è passato alla storia con il suo nome, pervenne a vietare la cosiddetta "emigrazione sussidiata".

Questo episodio riassume emblematicamente i due maggiori difetti che da sempre caratterizzano le politiche del governo italiano verso l'emigrazione: la dottrina assistenzialista e la flemma operativa. Con il Decreto Prinetti, infatti, si interveniva non già per rimuovere le cause della gigantesca emorragia migratoria, ma solo per attenuarne pietosamente, e con vistoso ritardo, una delle peggiori conseguenze. Di fatto, il decreto, sopraggiunto quando ormai il fenomeno della "emigrazione sussidiata" aveva già prodotto inenarrabili macerie umane, introdusse una normativa che i mercanti di carne umana riuscirono ad aggirare ancora per lungo tempo.

Nell'arco d'oltre un secolo da allora, assistenzialismo e flemmaticità hanno seguitato sostanzialmente a tenere banco. Iniziative e provvedimenti occasionalmente fuoriusciti dalla logica assistenzialista, e/o entrati in scena con tempestività, appartengono desolatamente al novero delle eccezioni.

Affrontiamo, per esempio, uno degli argomenti di maggior peso culturale, economico e politico: l'insegnamento della lingua italiana all'estero. Con la Legge 153 del 1971, secondo principi e modalità già allora miopi e arretrati, si disciplinava un sistema finalizzato all'insegnamento di una lingua di servizio, sufficiente per dare una mano ai lavoratori partiti dall'Italia con scarsa padronanza della lingua-madre. Da subito emerse la necessità di una riforma, perché in realtà quel che serviva allora, e ancor piú serve adesso, è la diffusione di una lingua di cultura aperta a tutti, destinata anche a chi non ha origini italiane, finalizzata a far conoscere e valorizzare la cultura italiana, funzionale a incrementare il turismo, l'interscambio commerciale e tecnologico, il prestigio dell'eredità storico-culturale e della vitalità creativa che connotano il "sistema Italia". Niente di piú lontano dalle preoccupazioni dell'apparato burocratico romano. Su questo fronte, tutto quel che accade di innovativo dipende dall'iniziativa delle comunità locali, come nel caso dell'enorme lavoro portato avanti dalla comunità italo-canadese.

Le comunità italiane all'estero hanno pur avuto necessità assistenziali, nel passato. In alcuni casi ciò è tuttora necessario. Però, oggi v'è sopra tutto bisogno di politiche profondamente diverse, le quali, oltre tutto, corrispondono a rilevanti interessi della stessa comunità residente in Italia. Decine di milioni di italiani emigrati e discendenti dagli emigrati costituiscono un potenziale che il sistema economico e culturale dell'Italia dovrebbe saper utilizzare, sulla base di politiche attente verso le biunivoche potenzialità di crescita.

All'inizio degli anni Duemila, si è intervenuti con modifiche costituzionali e altri provvedimenti conseguenziali per introdurre l'elezione di parlamentari scelti dagli italiani residenti all'estero, ma tuttora vengono trascurate necessità fondamentali, prime tra tutte la modifica in maniera estensiva della legislazione sulla cittadinanza, l'innovazione degli accordi bilaterali in materia di sicurezza sociale, la modernizzazione di struttura, competenze e metodologie operative della rete consolare e delle rappresentanze culturali e commerciali all'estero.

Su questi argomenti, l'esperienza della comunità italo-canadese ha da offrire testimonianze e insegnamenti di notevole interesse e non trascurabile utilità.

Penso in primo luogo ai rapporti con le autorità diplomatiche, che sono stati caratterizzati per lo piú da incomprensioni, sottovalutazioni e, talvolta, anche da spiacevoli conflittualità. Tuttavia, ci sono state nel corso del tempo brillanti eccezioni da parte di diplomatici consapevoli di quale dovesse essere il loro ruolo e che si rendevano conto della differenza del lavoro spettante a Ambasciata e Consolati rispetto alla funzione della rappresentanza espressa dalla comunità italo-canadese. Quei diplomatici seppero collaborare con le strutture autonome integrate nel tessuto della nazione canadese. Da parte nostra, nei momenti piú effervescenti vi fu un costante atteggiamento di prudente fattività, mirante a mantenere buoni rapporti con il Consolato e tuttavia a lasciare ben percepire come ciò non potesse in alcun caso venir scambiato per dipendenza o sudditanza.

Negli anni del governo Trudeau, le autorità canadesi avanzarono reiterate proteste contro le indebite ingerenze dei Consoli negli affari interni della nazione canadese, ovviamente considerando quelle ingerenze come una patente violazione dei diritti di quegli italiani che erano ormai a tutti gli effetti cittadini canadesi. I successivi governi espressero invece posizioni generalmente piuttosto confuse.

L'insieme dei fatti connessi a quell'anomala situazione generò ovviamente contrapposizioni quanto mai aspre in seno alla comunità, il che corrispondeva, purtroppo, alle direttive provenienti da Roma: era necessario far sorgere liti e conflitti all'interno della comunità, affinché fossero le manovre della politica italiana a condurre le danze e condizionare i nostri comportamenti. Sfortunatamente, il malcostume dell'interferire nelle questioni nostre è stato solo superficialmente scalfito anche quando la tradizionale linea del paternalismo è venuta perdendo di peso.

A un certo punto, si cominciò a ragionare anche in Italia intorno al ruolo dell'emigrazione e alla politica verso gli emigrati. Tuttavia, l'approccio fondamentale rimaneva sostanzialmente paternalistico, quasi del tutto sostanziato di assistenzialismo.

La reazione a quello stato delle cose cominciò a prendere corpo nei Paesi dalla prevalente cultura anglo-sassone (Usa, Canada e Australia), dove piú avanzate condizioni socio-economiche e il rilevante ruolo economico, sociale e politico conquistato dagli immigrati italiani consentivano una libertà di giudizio e un'autostima individuale e collettiva altrove ben lungi dall'essere possibili. La valutazione delle cose era assai piú sfumata nelle realtà sud-americane, dove l'immigrazione italiana ha radici molto piú antiche e perciò risente dell'originaria stratificazione classista, da ciò derivando che gli italiani di successo preferiscono mantenersi quasi del tutto avulsi dalla generalità dei cittadini d'ascendenza italiana. Nei Paesi europei, poi, permane quasi sempre uno stato di totale sudditanza e ininfluenza rispetto al contesto locale, fatto salvo quel che riguarda l'immigrazione d'eccellenza professionale. Altrove, la ridotta consistenza quantitativa rende praticamente irrilevanti le piccole comunità italiane.

Tali differenti e contrastanti atteggiamenti dei tre principali filoni (anglo-sassone, sud-americano, europeo) sono tuttora evidenti e marcano le profonde diversità che caratterizzano l'apporto all'elaborazione della politica italiana verso i connazionali emigrati e verso i loro discendenti. Una vera riforma modernizzatrice della politica verso gli italiani all'estero non c'è mai stata, mentre le varie, parziali e contraddittorie, innovazioni susseguitesi hanno lasciato tutto il tempo che hanno trovato.

I Comites avrebbero dovuto essere parlamentini di accompagnamento al lavoro dei Consoli, ma si son rivelati quasi sempre rami secchi. I Consoli tendono abitualmente a interferire e sovrapporsi alle iniziative delle comunità locali, tralasciando assai le loro vere competenze istituzionali.

Quanto al Consiglio Generale dell'Emigrazione, che ha il ruolo di massima rappresentanza istituzionale degli italiani all'estero, la sua funzione di orientamento degli indirizzi politici del Ministero degli Affari Esteri è poco piú che meramente simbolica.

D'altra parte, come le cose potrebbero andare diversamente? Un po' ovunque, anche nei Paesi non d'immigrazione, il sistema diplomatico italiano è concettualmente tarpato dall'atavico atteggiamento che, fatte salve le lodevoli ma rare eccezioni, lo porta a considerare gli italiani come sudditi e non come cittadini, tranne quando si ha a che fare con qualche very important person.

Una problematica di tutt'altro genere è intervenuta nell'ultimo decennio con l'attribuzione alle comunità italiane all'estero del potere di eleggere alcuni membri del Parlamento di Roma. L'iniziativa, in sé apprezzabile e tendenzialmente capace di favorire un incisivo miglioramento d'efficacia nelle relazioni con la madrepatria, va progressivamente perdendo credibilità e utilità. L'organizzazione del voto presso le sedi diplomatiche è caotica e inadatta a offrire reali garanzie di controllo democratico. La disattenzione degli elettori, le perplessità dei governi ospitanti e le incertezze operative di ambasciatori, consoli e funzionari compongono un insieme che non aiuta a far decollare in termini di serietà il procedimento elettorale. In fin dei conti, quei pochi che si recano alle urne lo fanno secondo una mera prospettiva di comparaggio: si vota per questo o per quello non sulla base dell'adesione a un progetto politico né in apprezzamento delle qualità dei candidati, ma in ragione della condivisa appartenenza a un ristretto ambito locale del territorio italiano oppure in ragione di un voto di scambio: io ti voto e ti faccio votare, tu favorirai certe mie aspettative. Da un quadro siffatto, non possono che discendere risultati pasticciati e screditati, i quali non contribuiscono a una positiva evoluzione delle relazioni con la madrepatria, mentre talvolta hanno addirittura evidenziato risvolti sui quali ha dovuto impegnarsi la giurisdizione penale.

Il voto agli italiani residenti all'estero che conservano la cittadinanza italiana si va dunque rivelando anch'esso un'occasione sprecata, una delle tante, disgraziatamente.

Non si può negare, tuttavia, che con la seconda metà degli anni Novanta siano intervenuti molti sostanziali cambiamenti, anche se pressoché esclusivamente sul piano metodologico.

C'è stato, in particolare, il venir meno dell'impostazione paternalistica dei Comites, i quali hanno cessato di essere uno strumento costruito e pilotato dai Consoli di volta in volta di turno e sono diventati organismi eletti democraticamente dalla comunità italo-canadese. In tal modo, sono venute progressivamente scemando le motivazioni di quella diffusa ostilità che in precedenza ne aveva fatto dei corpi estranei, da combattere piuttosto che da considerare come interlocutori istituzionali. Al decorso di questa positiva svolta ha dato impulso sostanziale l'azione del giovane avvocato Carlo Consiglio, personalità tra l'altro animata da un adamantino rispetto delle istituzioni italiane, e del medico Gino Bucchino, il quale ha poi saputo conquistare l'estesa fiducia che ne ha patrocinato per due volte l'elezione a rappresentante della circoscrizione Nord-americana nel Parlamento di Roma.

Su questo fronte, vale la pena di soffermarsi rapidamente intorno agli atteggiamenti delle autorità ufficiali. Da un lato, i diplomatici italiani, in generale, si sono adoperati per adeguare stili e comportamenti al mutare dei tempi, spogliandosi di gran parte dei tradizionali tratti autoritari. Dall'altro lato, il governo canadese, non rinuncia all'insofferenza esibita fin dall'inizio verso le consultazioni elettorali che a ogni rinnovo del Parlamento italiano coinvolgono gli italo-canadesi e ogni volta fa sospirare fino all'ultimo momento utile l'emanazione delle autorizzazioni di sua competenza.

Nonostante tutto, però, Toronto anche in questo campo dimostra di essere all'avanguardia, essendo l'unica città che finora sia riuscita sempre a eleggere un proprio rappresentante nel Parlamento italiano e sempre nello schieramento progressista: per due legislature Gino Bucchino (2006-2008) e l'ultima volta Francesca Lamarca (2013).

I positivi sviluppi ai quali accennavo per quanto riguarda i Comites si sono concretizzati anche nell'ambito del Consiglio Generale dell'Emigrazione, ma, anche in questo caso, non si è andati al di là di pur fondamentali aspetti inerenti la democraticità della composizione e del funzionamento. Se il poter discutere senza restrizioni e il potersi confrontare con franchezza sono conquiste indispensabili e piú che benvenute, seguitano a mancare, a tutti i livelli, risposte operative alle numerose e vitali questioni che da anni variamente le comunità italiane all'estero pongono in evidenza.

16

Un nuovo approccio con l'italianità

Già prima della fondazione del Centro Scuola, sono state date forma e sostanza a innovativi metodi di approccio con l'italianità, grazie a una speciale e costante attenzione verso lo Spettacolo e lo Sport, non solo in ragione dei valori intrinseci di queste discipline ma anche per via della loro attitudine a fungere da preziosi strumenti per calamitare l'interesse di giovani e meno giovani e per trasmettere elevati valori morali e culturali.

La prossimità della comunità italo-canadese con il mondo teatrale viene da lontano, come ha avuto modo di ricostruire l'amico Celestino De Iuliis. In particolare, merita di essere ricordato che le attività teatrali nella comunità italiana di Toronto risalgono all'Ottocento e al prof. James Forneri, un ex carbonaro di Torino, venuto per insegnare l'italiano in quello che allora veniva chiamato King's College. Dopo la Seconda Guerra Mondiale, con il grande flusso immigratorio di allora, ci furono diversi tentativi di creare qualcosa che desse continuità e maggior spessore alle sporadiche iniziative amatoriali. Alla fine degli anni Cinquanta, il regista Bruno Mesaglio, con Gigi Sartori, Alberto De Rosa, Gino Speca e molti altri creò il "Piccolo Teatro di Toronto", che un paio di volte l'anno presentava commedie del repertorio classico. Gino Speca divenne socio di Malabar, una delle più grandi case fornitrici di costumi teatrali del Nord America, trasformandosi in un insostituibile punto di riferimento per tutte le compagnie d'opera del continente.

Nel 1967, Celestino ed io, allora entrambi studenti universitari, ci conoscemmo nel corso delle prove di "Addio giovinezza", una produzione allestita dal Club Italiano dell'Università di Toronto con la regia di Fulvio Marchi. In seno alla comunità c'era un rinnovato fervore, si percepiva un reale bisogno di eventi culturali. Gli ambienti dell'università e i sottoscala di alcune chiese furono terreno fertile per i giovani talenti, ma si rivelarono anche sedi effimere, allorché gli studenti intraprendevano le proprie carriere professionali oppure quando i tentativi di far breccia nell'ambito comunitario naufragavano per scarsezza d'attenzione o di risorse.

Un gruppo di giovani s'impegnò nel tentativo di aprire nuove strade. All'inizio degli anni Settanta, infatti, Celestino ed io, e con noi altri giovani talentosi, tra i quali Damiano e Domenico Pietropaolo, Laura Springolo, Mariella Bertelli, Pasquale Manna, Carmen Nepa, Giuseppe Garibaldi, Maria Mancuso, Tonia Serrao, demmo vita alla "Compagnia dei Giovani", con l'intenzione di produrre a livello amatoriale drammi che potessero competere in prestigio con le proposte dei professionisti. Il compito non era facile, specialmente per quanto riguarda il reperimento dei mezzi finanziari.

Fummo in grado di superare quell'ostacolo e, una volta fondato il Centro Scuola cominciò la collaborazione tra il Centro e la Compagnia dei Giovani. Le produzioni portate in scena non vennero allestite solo per gli italo-canadesi, ma furono anche spesso presentate in Italia. Tra i fiori all'occhiello della Compagnia dei Giovani, nei dodici anni della sua attività, sono da ricordare in particolare una nuova interpretazione della *Mandragola* di Machiavelli, diretta magistralmente da Damiano Pietropaolo con la partecipazione di Celestino, Nivo Angeloni, Domenico Pietropaolo, Maria Mancuso e Domingo Spanò, una *Locandiera* di Goldoni, gli spettacoli proposti, per tre anni consecutivi, al congresso pirandelliano di Agrigento, da *Cecè* all'*Uomo dal fiore in bocca* in lingua originale e nella versione inglese di Damiano Pietropaolo. I due lavori pirandelliani avevano ricevuto uno strepitoso successo al settimo festival della "Ontario Multicultural Theatre Association" svoltosi al St. Lawrence Center una delle sale teatrali più prestigiose di Toronto ricevendo i premi (Awards): a) Migliore spettacolo del festival (direzione artistica Alberto Di Giovanni), b) Migliore regia (Damiano Pietropaolo e Mariella Bertelli) c) Migliore scenografia (Lara Springolo) d: Migliore arrangiamento musicale (Franco Pagliaro). Inoltre Damiano Pietropaolo in *L'uomo dal fiore in bocca* e Celestino De Iulis in *Cecè* erano stati nominati come migliori attori e Mariella Bertelli come migliore attrice sempre in *Cecè*.

Con la Compagnia dei Giovani realizzammo qualcosa che mai prima era stata tentata: l'allestimento in italiano del dramma del franco-canadese Michel Tremblay *A toi pour toujours, ta Marie Lou*. Il testo era stato scritto nel 1971 e aveva subito assicurato a Tremblay successo e fama. La traduzione italiana fu frutto della collaborazione tra Celestino, Mariella Bertelli e Laura Springolo. Tra gli attori c'era anche Enza Gallo. Lo spettacolo ottenne uno strepitoso successo, sia quando venne presentato all'Hart House, nel Marzo del 1979, sia in occasione delle repliche a Roma nell'ormai scomparso Teatro Goldoni.

Negli anni Settanta, la Compagnia dei Giovani produsse anche una mezza dozzina di drammi presentati ogni anno con grande successo al Multicultural Theatre Festival, fu il primo gruppo teatrale canadese impegnato nell'allestimento di testi di Dario Fo *Morte accidentale di un'anarchico* e *L'uomo nudo e l'uomo in frack*, produsse, tra l'altro, *La regina e gli insorti* di Ugo Betti, *Ma non è una cosa seria* di Pirandello, *Coppia aperta, quasi spalancata* con Tony Nardi e Mary Long.

Prima della morte di Bruno Messaglio, quasi come presagio della sua scomparsa, gli attori della Compagnia degli Giovani si riunirono a quelli del Piccolo Teatro ed insieme presentarono *Così è se vi pare*, il capolavoro di Luigi Pirandello con la regia appunto di Bruno Mesaglio e la direzione artistica di Alberto Di Giovanni. Lo spettacolo fu ripetuto varie volte in diversi teatri della città incluso il St. Lawrence Centre. Dovunque la sala sempre gremita da spettatori entusiasti. Alle interpretazioni superbe di Gigi Sartori e Alberto De Rosa del Piccolo fecero eco le giovani mattatrici Maria Mancuso e Tonia Serrao della Compagnia. Tonia Serrao animata da una straordinaria passione per il teatro continuerà ad essere protagonista come attrice e come regista per diversi anni seppure sempre in ambito amatoriale.

Grazie a queste esperienze, molti giovani acquisirono una formazione intellettuale di notevole spessore, che avrebbero poi messo a frutto nella vita quotidiana della comunità, quest'ultima venne avviata a familiarizzarsi con il mondo dell'espressione artistica e nel contesto generale della popolazione di Toronto prese a svilupparsi la consapevolezza delle prestigiose qualità che arricchiscono i portatori di radici italiani in aggiunta a quelle risorse di laboriosità e rettitudine dimostrate nella vita lavorativa.

Successivamente, il Centro Scuola ha seguitato a promuovere manifestazioni culturali di grande prestigio, come nel 2004 con le giornate dantesche realizzate in collaborazione con la Dante Society di Toronto e la Emilio Goggio Chair in Italian Studies, comprendenti la presentazione della versione inglese in terza rima della *Divina Commedia* curata da Celestino De Iuliis, il simposio "From Dante to Shakeaspeare: Italian Literature in Medieval and Early Modern England", con la relazione introduttiva del prof. Pino Mazzotta della Yale University e le letture di Janet Burke, Jennifer Dale e Geza Kovacs. Negli anni piú recenti, hanno avuto enorme successo le serate di spettacolo curate da me e Errico Centofanti che, miscelando testi di Dante Alighieri con opere appartenenti al variegato patrimonio letterario e musicale dell'Italia, si sono avvalse dell'interpretazione di illustri artisti canadesi e italiani e, tra gli altri, di straordinarie eccellenze della scena italiana quali Ugo Pagliai e Paola Gassman.

Il gran lavoro condotto nel campo dello spettacolo è stato accompagnato piú tardi da quello svolto con le attività sportive. Si cominciò nel 1982, l'anno della trionfale vittoria italiana ai Mondiali di Calcio. L'entusiasmo esploso in tutta Toronto in quella occasione fu un evento memorabile. A Saint Clair, la lunga e larga strada una volta piuttosto fracassona e poveraccia e adesso elegante e sfavillante, che è da sempre uno dei principali luoghi di riferimento per la comunità italo-canadese, la sera della vittoria si radunò una folla festante mai vista a Toronto. C'erano tanti italiani, ovviamente, ma sembrò un sogno notare l'enorme quantità di anglofoni, francofoni, cinesi, sud-americani, neri e sanguemisti d'ogni specie e europei delle piú diverse appartenenze. A quel punto, la passione per il calcio dilagò e venimmo assaltati da una tale quantità di richieste da ragazzi e genitori che non potemmo fare a meno di immaginare qualcosa che desse una risposta organizzata e sensata a quell'ondata di entusiasmo.

La riflessione fu rapida e ci portò a considerare che non bastava piú invitare a imparare con serietà la lingua madre di genitori e nonni. I ragazzi bisognava interessarli e divertirli nel medesimo tempo. Bisognava anche tentare di abbinare l'apprendimento della lingua con quello della cultura italiana. Cosí, cominciammo con il calcio: avviammo corsi per insegnarne i fondamentali e poi formammo tante squadre, articolate per fasce di età, e avviammo la consuetudine dei tornei, prima nell'ambito del Centro Scuola e poi allargando ai quartieri e finendo con l'arrivare a infilarci nei campionati ufficiali.

Ulteriore sviluppo venne con l'affiancare al calcio altre discipline, dal che maturò l'idea, sulle prime apparsa piuttosto strampalata, di partecipare con i nostri atleti ai Giochi della Gioventú organizzati ogni anno in Italia dal Coni, il Comitato Olimpico Nazionale Italiano. Partecipavamo e ogni volta conquistavamo un bel po' di medaglie. La prima medaglia d'oro arrivò nel 1986, proprio con la nostra squadra di calcio. La nostra euforica emozione non fu da meno dell'incredulità con cui dirigenti, tecnici e giornalisti italiani registrarono il trionfo in casa loro dei ragazzi che venivano da un Paese mai quotato tra le eccellenze calcistiche.

Nel corso delle invernate, affiancavamo altre opportunità di socializzazione e crescita culturale, come la formazione di complessi corali e la partecipazione a attività seminariali di variegata natura.

In estate, però, i ragazzi non li portavamo in Italia solo per correre dietro un pallone o per gareggiare nelle specialità dell'atletica leggera: l'abbinamento sport-cultura diventò una costante. Si facevano veri e propri viaggi d'istruzione: si praticava lo sport e si studiava la lingua; si tifava per i propri colori e s'andava in giro per musei e sale da concerto; si respirava la polvere delle piste di tartan e lo sbuffo terroso dei campi da calcio e poi s'andava a assaporare la bellezza di monumenti e paesaggi da un capo all'altro dell'Italia. Mi ricordo le facce sbalordite e i commenti compiaciuti di un bel po' di gente, quella volta che a Padova i nostri ragazzi in tuta sportiva uscivano con compostissima allegria dalla visita alla Cappella degli Scrovegni: non credevano ai loro occhi, nel vedere tanti giovani sportivi tanto compiaciuti d'aver ammirato le magistrali raffinatezze di Giotto.

Questa straordinaria realtà del Canada non passò inosservata in Italia. Nel 1994, il Coni rispose alle richieste canadesi con una serie di interventi finanziari intesi a favorire la promozione sportiva tra i giovani italiani all'estero e, per la prima volta, il Coni stesso si assunse la responsabilità di coprire le spese di viaggio aereo per i ragazzi provenienti dai Paesi d'oltre oceano. I nuovi finanziamenti permisero al Comitato Coordinamento Coni Canada di espandere le proprie attività, consentendo di giungere a coinvolgere attivamente fino a 10.000 giovani l'anno.

Nel 1995 si raggiunse l'apice del successo sportivo con il "Centro Scuola Sport" laureatosi campione d'Italia e vincitore dei Giochi della Gioventú in senso assoluto. Vi fu la soddisfazione di finire sulle prime pagine dei grandi quotidiani sportivi italiani. In totale, i ragazzi italo-canadesi vinsero ben 15 Medaglie: 7 d'Oro, 6 d'Argento e 2 di Bronzo. L'eco di quell'affermazione durò a lungo e nel Giugno del 1997 il Presidente del Coni, Mario Pescante, visitò Toronto per rendersi conto in prima persona di ciò che si stava facendo. Contemporaneamente, si svolse anche la visita dell'allora Presidente della Repubblica Oscar Luigi Scalfaro. Quell'edizione dei Giochi della Gioventú resta per il Canada un indimenticabile momento storico.

Col 1999, i Giochi della Gioventú registrano l'avvio di una nuova fase, che vede l'organizzazione generale affidata al Ministero della Pubblica Istruzione. Fu proprio il Centro Scuola di Toronto a svolgere un ruolo primario per ottenere la modifica del nuovo assetto della manifestazione, che originariamente prevedeva l'esclusione delle comunità estere. I Giochi della Gioventú nella nuova formula assunsero la denominazione di Giochi Sportivi Studenteschi e, nel 2000, videro ripetersi il successo del 1995, con il Centro Scuola nuovamente campione d'Italia.

Le partecipazioni agli eventi sportivi non si limitano ai Giochi della Gioventú: per esempio, la squadra di calcio si è confrontata con le migliori compagini italiane in tornei prestigiosi come il "Viareggio" e quello dedicato alla memoria del grande giornalista Beppe Viola. Una menzione particolare merita il torneo "Atri Cup", che il Centro Scuola contribuí a sviluppare nella città di Atri e che è diventato una manifestazione sportiva internazionale alla quale le squadre italo-canadesi ancora partecipano, dopo tanti anni. Non bisogna dimenticare i soggiorni di studio estivi, che si svolgono sopra tutto in Abruzzo, accompagnati dalla partecipazione a diversi tornei di pallavolo, calcio e atletica.

Va pure aggiunto che le formazioni del Centro Scuola hanno conquistato numerosi allori in Canada, tra l'altro laureandosi ripetutamente campioni dell'Ontario e una volta anche campioni del Canada.

Come ha affermato Carmine Isacco, Direttore Sportivo dell'Università di York e del Centro Scuola:

È doveroso dire, tuttavia, che la vittoria piú bella non è mai rappresentata dalle coppe, dalle medaglie e dagli osanna del pubblico e della stampa, bensí dagli sguardi di quei ragazzi che, vittoriosi o no, tornano dall'Italia con una nuova coscienza delle proprie radici e con il desiderio di tornare il piú presto possibile, per immergersi in quella lingua e in quelle tradizioni da cui sarebbero stati irrimediabilmente tagliati fuori senza il magnifico binomio di sport e cultura posto in essere dal Centro Scuola.

Mediante l'insegnamento linguistico, lo spettacolo, lo sport e tutte le altre attività curate dal Centro Scuola è stato dato un apporto fondamentale per mutare radicalmente l'approccio con l'italianità. Per l'Italia, oltre alla diffusione d'una vasta conoscenza delle sue attrattive e tradizioni, scaturiscono numerosi benefici di natura economica: per esempio, grazie alle iniziative del Centro Scuola, che tra l'altro promuove e coordina parecchi gruppi di adulti con interessi storici e culturali, le località italiane cominciano a richiamare importanti flussi del cosiddetto "turismo di ritorno". Del resto, anche solo mediante la presenza delle migliaia di partecipanti ai viaggi studenteschi, l'Italia ha visto crescere il proprio fatturato nel campo dei servizi e del commercio.

Tutto questo ha determinato un formidabile mutamento nella qualità dell'immagine dell'Italia che viene percepita in Canada. Adesso, l'Italia s'impara a conoscerla nei suoi numerosi e multiformi aspetti. Non è piú soltanto la terra, un po' malinconica e fuori moda, dei vecchi emigranti, ma appare per quel che è veramente: un Paese ricco di tradizioni, di storia, di arte e, nel contempo, di fervente modernità, con le sue belle montagne e le spiagge inebrianti, le città prospere e serene, gli attraenti luoghi di ritrovo, le affascinanti passeggiate per lo shopping.

Adesso, l'Italia viene sempre piú diffusamente apprezzata in conseguenza di quel che gli studenti canadesi riportano nelle quotidiane conversazioni di cui essi sono protagonisti in famiglia, a scuola e altrove. I ragazzi raccontano di come sono stati accolti con calore e gentilezza, delle amicizie intrecciate con i coetanei italiani, della bellezza delle città e del fascino della natura, dell'aver assaporato la sensazione di sentirsi come a casa propria, del rammarico con cui hanno affrontato i momenti del distacco al termine dei soggiorni in Italia.

È straordinariamente bello, per noi che viviamo in Canada,

constatare come tanti ragazzi vengano attratti dall'opportunità di scoprire la terra e la cultura di provenienza dei genitori e dei nonni. In qualche modo non meno entusiasmante è constatare come l'attrazione per l'Italia nasca e si sviluppi nei ragazzi che poco o nulla hanno a che vedere con l'origine italiana e che sempre piú numerosi risultano essere tra i frequentatori delle attività del Centro Scuola, di quelle svolte in Canada come di quelle realizzate in Italia.

A rafforzare l'immagine dell'Italia in Canada ha contribuito negli ultimi dieci anni l'associazione culturale "L'altra Italia", fondata nel 2002 da Cristiano De Florentis, rappresentante di *Rai International* in Canada, e Maurizio Magnifico. La nuova associazione si presentò alla comunità in forma di cineclub e come momento di incontro sociale, è riuscita a riempire la sala cinematografica proiettando una volta al mese buoni films italiani di autori contemporanei e ha guadagnato progressivamente un'invidiabile reputazione al di fuori della comunità italo-canadese, tanto che il suo pubblico è ormai composto prevalentemente da cinefili nelle cui vene non scorre neanche una stilla di sangue italiano. Alle proiezioni erano spesso presenti i registi, da Nanni Moretti a tanti altri. "L'altra Italia", fermo restando il suo appuntamento per la proiezione mensile, nel 2012 ha fatto un salto di qualità, varando l'Italian Contemporary Film Festival, che tra l'ultima settimana di Giugno e la prima di Luglio propone annualmente una cinquantina di pellicole.

17

Gli Italian Canadians nella cultura canadese

Della presenza culturale italiana in Canada e del suo influsso nell'edificazione nazionale si è fin qui ampiamente trattato nel ripercorrere le varie fasi e i diversi aspetti della storia canadese. Non molto resta da dire, se non per alcuni specifici segmenti e per una doverosa riflessione riassuntiva.

Una prima specifica questione è quella del contributo italiano alla letteratura canadese. Bisogna prescindere, ovviamente, dalla memorialistica e dalle creazioni in versi e in prosa che tanti immigrati italiani hanno pubblicato utilizzando la lingua madre, in quanto, sebbene spesso assai meritoria, quella produzione non può essere annoverata nell'ambito del vero e proprio patrimonio letterario canadese. So bene come una categorizzazione del genere presti il fianco a piú d'una obiezione. Tuttavia, la letteratura espressa in lingue diverse dall'inglese ha rilevanza e influenza nella ristretta cerchia delle rispettive comunità linguistiche, laddove è invece inevitabilmente la produzione in inglese, e in qualche modo anche quella in francese, a costituire la struttura portante e qualificativa della letteratura nazionale canadese. In tal senso, il contributo italiano ha consistenza qualitativa e quantitativa di tutto rispetto.

Non si tratta tanto di dare atto agli scrittori di ascendenza italiana d'aver saputo appropriarsi dell'inglese con inappuntabile competenza tecnica e distinta talentosità creativa. Si tratta sopra tutto di riconoscere la meritoria capacità del saper apportare peculiari risorse espressive non altrimenti derivabili se non da un retroterra sensitivo, ragionativo e valoriale quale quello tipico del dna italiano. In tal modo, gli scrittori Italian Canadians, abbandonando – sia pur non dimenticando – l'osservatorio rivolto al passato e spaziando invece sui campi del presente e del futuro, hanno saputo diventare parte viva della piú propositiva dinamica letteraria: non è per caso che molti di loro godano di largo successo popolare e lusinghiera considerazione critica.

L'acuta analisi di una sapiente indagatrice qual è Caroline Morgan Di Giovanni ha focalizzato questa realtà con due sobrie formule intessute nell'introduzione all'antologia di scrittori italo-canadesi *Bravo!*. In primo luogo, «*they wear their Italian heritage as cultural clothing, not the overcoats of painful memory*» e poi «*their individual talents are evident; their collective identity adds Mediterranean warmth to the cool Canadian climate*».

Queste specificità sono state le componenti, ovviamente non uniche ma senz'altro di gran peso, per il successo che gli autori Italian Canadians hanno ottenuto nel contesto generale della letteratura canadese, acquisendo largo prestigio e stabile popolarità. Nino Ricci, il cui piú fortunato romanzo, *Lives of the Saints*, accumula premi e ristampe dal 1990, e Pier Giorgio Di Cicco, la cui opera ne ha fatto il caposcuola per i poeti affermatisi a partire dagli anni Ottanta, costituiscono i casi di maggior spicco, tutt'altro che unici, però. Nel vasto panorama disponibile emergono, tra gli altri, raffinati poeti come Mary Di Michele, Gianna Patriarca, Len Gasparini, Giorgio Amabile, Saro D'Agostino e affascinanti prosatori come Frank G. Paci, Darlene Madott, John Calabro, Caterina Edwards, Michael Mirolla. Notevole il caso di Antonino Mazza, poeta e prosatore d'alto profilo, assai distintosi per l'eccellente versione inglese delle estremamente impegnative poesie di Eugenio Montale.

La presenza culturale degli Italian Canadians si è ovviamente affermata in tutti i campi, dalla musica alle arti plastiche e figurative, dal teatro al cinema, dall'architettura al design, dando luogo a una tale molteplicità di espressioni che ormai sarebbe estremamente difficile, e comunque riduttivo, tentarne l'elencazione.

Mi pare necessario, invece, dedicare attenzione a un evento che marca uno spartiacque assai importante per la storia della presenza in Canada della cultura italiana: il piú rilevante impegno condotto a termine dal Centro Scuola in campo teatrale con la cooperazione per promuovere e organizzare la presenza in Canada del Tsa, il Teatro Stabile dell'Aquila, invitato a Onstage '81, l'International Theatre Festival di Toronto. Lo spettacolo, presentato poi anche a Thorold e Ottawa per un totale di sette rappresentazioni, era una mirabile messinscena di un testo medioevale abruzzese dedicato alla Passione di Cristo, con la regia di Antonio Calenda e un'indimenticabile Elsa Merlini nel ruolo della Madonna.

Il successo di pubblico e di critica fu senza precedenti, tanto che lo spettacolo venne giudicato come il migliore tra i tanti provenienti in quell'occasione da tutto il mondo. Carol Corbeil, nella sua recensione sul *Globe and Mail*, il principale quotidiano canadese, affermò: «*Italy's stunning Passione is a breathtaking triumph*» (La sbalorditiva "Passione" italiana è un trionfo mozzafiato). Quell'esperienza è stata di eccezionale rilievo, sopra tutto perché il pubblico e la critica che nulla avevano a che vedere con l'ascendenza italiana ne rimasero tanto impressionati da mutare profondamente il loro atteggiamento verso l'italianità.

Il 1981, l'anno della ormai mitica tournée in Canada della Passione del Tsa, è l'anno di rottura che dalla tradizione folklorica vede l'affermarsi della piú illustre tradizione culturale italiana, sia nell'ambito della nostra comunità sia presso la generalità dei canadesi e in particolare tra gli anglo-sassoni. Grazie a quella occasione, si forma una nuova visione dell'Italia e da allora arrivano da noi i grandi protagonisti della vita culturale italiana:

scrittori, musicisti, attori, scienziati, etc. Solo da allora si comincia a comprendere veramente cosa vuol dire "tradizione culturale italiana".

Per parte loro, gli italiani nati o trapiantati a Toronto hanno acquisito ruoli di primo piano in ogni campo della vita culturale.

Nelle arti figurative, per esempio, a cominciare da Joe Cusimano, pittore insigne della scuola di De Chirico che con tante affascinanti creazioni ha impresso un segno inconfondibile nel panorama artistico canadese.

Joe Catalano è un italo-canadese di terza generazione. Dopo gli studi all'Ontario College of Art, ha fondato a Toronto l'agenzia pubblicitaria Concept 3, svolgendo un'intensa attività creativa come grafico e designer che gli ha procurato in tutto il Nord America larga fama e numerosi importanti premi. Parallelamente, le sue opere pittoriche lo hanno imposto come uno dei migliori artisti canadesi contemporanei. Altro artista di grande notarieta' e' Albert Chiarandini (Udine, 1915, Toronto, 2007). Nel 1938 all'eta di 23 anni organizzo' la sua prima mostra riscuotendo immediatamente grande successo tra i critici d'arte canadesi. Le sue opere (ben tremila) sono state esposte in alcune delle più prestigiose gallerie d'arte del Canada, inclusa la Ontario Gallery of Art. Nel 1960, gli fu conferita la nomina di Fellow of the International Institute of Arts and Lettres (FIIAL).

Da ricordare poi, Luigi Bellini, uno dei primi tra gli artisti italo-canadesi di successo, i cui dipinti sulla Toronto della fine degli anni '40 sono ormai storici. Grande successo tra gli artisti dell'ultima generazione sta riscuotendo Francesca Vivenza, una diplomata dell'Accademia di Brera specialista in arte contemporanea e multimediale. Silvio Mastrodascio, negli anni Settanta, dalla natia provincia di Teramo si trasferisce a Toronto, dove si diploma *cum laude* in scultura al College of Fine Arts. Talento e abilità lo conducono verso importanti successi, non solo in Canada e in Italia ma anche in Giappone, Stati Uniti, Sud America e diversi Paesi europei. Il suo mondo figurativo, sebbene incentrato sull'immagine femminile, spazia felicemente attraverso ogni possibile stimolazione sensoriale. Tra le sue opere piú significative realizzate per la città di Toronto sono la lunetta in bronzo per il portale posteriore della Cattedrale e le due grandi sculture commissionate dal Bell Mobility Centre per la propria sede centrale.

Una personalità poliedrica quale quella di Charly Chiarelli focalizza una vasta attenzione nel mondo dello spettacolo. Proveniente in tenera età dalla Sicilia e cresciuto nell'area industriale di Hamilton, Chiarelli s'è laureato in psicologia, linguistica e sociologia in prestigiose Università: Carleton, McMaster e Toronto. Dopo di che è diventato un popolarissimo attore e musicista. In particolare, i suoi monologhi *Cu'Fu*, *Mangiacake* e *Brutta Figura* gli hanno assicurato un successo e una fama che non tramontano, non soltanto per le continue repliche teatrali che a Chiarelli vengono richieste ma anche grazie alle non meno frequenti messe in onda delle edizioni televisive.

Che dire di Antoni Cimolino? Dopo aver diretto per anni nei teatri di Stratford decine di allestimenti dei grandi classici shakespeariani, Cimolino è adesso al vertice dello Stratford Festival, la piú nota e importante rassegna di teatro dedicata a Shakespeare fuori dall'Inghilterra. Prima di assumere le funzioni di Direttore artistico, Cimolino ha svolto un lungo lavoro di rimodellamento del Festival, mutandone radicalmente anima e struttura. Non per caso, la sua figura viene cosí presentata nelle pubblicazioni ufficiali edite dal Festival nel 2013: «*Now in his 26th season at the Festival, Mr. Cimolino is a respected artist and an influential leader and visionary worldwide*».

D'altra parte, il mondo del teatro è ricchissimo di presenze italiane e propone alcuni dei maggiori tra i grandi attori attivi sui palcoscenici canadesi, da Bruno Gerussi a Jennifer Dale, da Errico Colantoni alla giovanissima promessa Paula (sic) Brancati, protagonisti di popolari storie televisive. Particolare attenzione meritano Nick Mancuso e Tony Nardi non soltanto grandi attori di palcoscenico e di serie televisive ma anche di film cinematografici che li ha visti in ruoli da protagonisti, Mancuso con Sofia Loren nel film "Vita di Santi" e Tony Nardi con Sabrina Ferilli nel film

"Quasi America." Sia Mancuso che Nardi sono stati vincitori di moltissimi premi (awards). Va detto inoltre che ambedue hanno spesso interpretato ruoli inerenti alla vita dell'emigrazione e degli italo-canadesi. Un applauso a scena aperta.

Un noto personaggio del mondo culturale di Toronto è Tony Gagliano. Ideatore, insieme con David Pecaut, di *Luminato*, cioè di quello che viene considerato uno dei piú popolari festivals artistici del Canada, Gagliano, secondo tradizione di famiglia, è anche un imprenditore di successo nel campo dell'editoria e delle telecomunicazioni. Nel ruolo di Presidente dell'Art Gallery dell'Ontario ha tra l'altro promosso la realizzazione di Galleria Italia, un grandioso spazio ideato nell'ambito dell'ormai celeberrima ristrutturazione del museo progettata dall'architetto Frank Gehry.

La musica ha da sempre costituito uno dei maggiori interessi culturali degli italiani e quindi non potevano mancare personaggi di grande successo nel mondo italo-canadese anche in questo settore cosi popolare. Ermanno Mauro (tenore), Luigi Quilico (baritono) e Maria Pellegrini (soprano) sono cantanti leggendari esibitisi nei più famosi teatri del mondo e particolarmente al Metropolitan di New York. Fama e prestigio internazionale hanno anche raggiunto i direttori d'orchestra, Mario Bernardi e Ermanno Florio che vantano nel loro curriculum l'essersi esibiti con la bacchetta nel tempio della musica mondiale, il Teatro alla Scala di Milano.

Un nuovo slancio alla vitalità culturale giunge recentissimo grazie alla tradizionale attenzione verso l'italianità del St Michael's College: in primo luogo perché assume sempre maggior peso ai vertici di questa prestigiosa istituzione universitaria una personalità quale quella del dantista Domenico Pietropaolo, primo preside Italo-Canadese di questo ateneo, alma mater di migliala di laureati italiani, che fin dai tempi del suo impegno presso la comunità teatrale della Compagnia dei Giovani aveva dato prova della sensibilità e della competenza che oggi ne fanno un elemento di punta nel panorama complessivo della cultura canadese. Inoltre, proprio in seno alla biblioteca del St Michael's College ha trovato nuova e degna sede la Casa di Dante, che era stata fondata dal Centro Scuola e Cultura Italiana e che annovera, tra i suoi tesori, una preziosa collezione di rarità bibliografiche e di opere pittoriche ispirate all'universo dantesco.

18

Integrazione, Nazionalità e Cittadinanza

La teoria del Melting Pot, cioè dell'integrazione razziale, elaborata negli States è stata a lungo il modello di riferimento per le politiche riguardanti le problematiche dell'immigrazione.

L'integrazione razziale mira alla fusione fra gruppi etnici e razziali differenti, mediante un processo di dissolvimento delle diverse minoranze subordinato all'accettazione del contesto socio-politico e culturale imposto dalla componente dominante. Ma, notoriamente, chi si integra corre il rischio di disintegrarsi.

Dunque, la vera conquista di civiltà non sta nell'omologazione delle diversità al modello dominante. La vera conquista di civiltà è la "nazionalità", cioè l'identità nazionale, che è il risultato di un processo storico e culturale complesso, basato sul riconoscimento di tutte le componenti sociali, culturali e etniche presenti nella comunità e nell'organizzazione statale che le unifica e coordina, in funzione di un'individualità nazionale ben delineata e distinta rispetto alle altre.

Sull'onda delle conquiste del pensiero illuministico, nonché della Rivoluzione Francese e di quella Americana, ne individuava lucidamente la sostanza Cesare Balbo già a metà dell'Ottocento:

Ciò che forma la vera nazionalità, ciò che non lascia Stato nello Stato, ciò che confonde in una nazione vera le genti diverse, è la comunanza delle leggi, delle istituzioni, degli interessi e, massime, del deliberare.

Come abbiamo visto, per il Canada, passare dalla politica dell'integrazione a quella della costruzione della nazionalità non è stata impresa semplice né di breve corso. Caso abbastanza raro nel contesto internazionale, l'impresa ha conseguito un invidiabile successo, sebbene resti ancora da superare qualche inadeguatezza. Un fattore non trascurabile di questo successo risiede nell'aver affrontato senza esitazioni la questione della cittadinanza. "Cittadinanza" è la situazione giuridica delle persone, consistente nella stabile appartenenza a uno Stato, sulla base di determinati requisiti, che si materializza in un insieme di diritti e di doveri.

Il Canada, se ha fatto, come ha fatto, passi da gigante verso la conquista della propria identità nazionale, non meno inusitato è il percorso compiuto per l'affermazione di un concreto regime di godimento della cittadinanza per i propri abitanti. A questo fine, è stata determinante l'opera di Laurier, Pearson, Trudeau e di quanti altri hanno elaborato il pensiero e condotto le azioni che hanno reso possibile quell'opera e ne hanno accompagnato l'evolversi. Né è trascurabile l'importanza dell'apporto venuto alla costruzione morale e materiale del Paese e alla configurazione del suo attuale stile di vita dagli Italian Canadians.

Tuttavia, di problemi da superare ne restano ancora parecchi: nonostante grandi realizzazioni, come la creazione della provincia del Nunavut, la questione dei nativi originari evidenzia tuttora carenze significative, per non trascurare i fermenti sempre serpeggianti in alcune frange della popolazione francofona e, sopra tutto, le questioni che vanno montando di rilevanza nell'ambito dei fenomeni immigratori in atto negli ultimi anni.

Dal punto di vista delle religioni, la predominanza di cattolici (47%) e protestanti (39%) non è destinata a significativi mutamenti, né a breve né a medio termine. Stanno invece alquanto diversamente le questioni etniche e linguistiche.

Le rilevazioni consolidate stimano la composizione del popolo canadese in 2% di lingue madri aborigene, 60% di lingua madre inglese, 24% di lingua madre francese e 14% di altre lingue madri europee, tra le quali le piú numerose sono la tedesca e l'italiana. Ma, i cinesi stanno per sopravanzare la componente italiana, mentre incalzano le nuove provenienze dall'Est europeo, dall'India, dalle Filippine e dai Paesi caraibici.

I nodi problematici degli attuali flussi immigratori venivano affrontati già nel 2002 in un accurato studio di Jeffrey G. Reitz, professore di sociologia nell'Università di Toronto:

> *Although Canada shares with the United States and Australia the tradition of being a country of immigrants, its current expansionist immigration policies, and their comparative degree of success, are shaped by context, and by an institutional framework, both of which differ from both other countries in significant ways. These differences include Canada's development strategy in relation to its much larger American neighbour; its low fertility rates; its close proximity to the U.S. but geographic isolation from all other countries; its post-secondary educational system; its distinctive labour markets and other social institutions which reflect greater emphasis on collective welfare as opposed to American individualism; its dual linguistic structure and the autonomy of Quebec and other provinces; and its multicultural policies as affected by the impact of recent immigration in creating a multiracial society. These various differences are evolving in ways that reflect both convergence and differentiation.*

Conseguenzialmente, l'analisi di Reitz perviene a indicare che: «*the pattern of these changes, more than either convergence or differentiation in itself, is creating significant actual and potential difficulties for the continued success of Canadian immigration over time*».

Infatti, aggiunge Reitz:

Canada's perceived need for high levels of immigration will continue, but its success in integrating these immigrants is becoming more difficult, creating increased strain on the economy and society». Dunque, in conclusione, «*this raises significant issues and dilemmas which are likely to become more salient and produce important policy changes in the future.*

Tutto ciò sta a dimostrare che, non diversamente da qualsiasi altra comunità, il Canada non è il paradiso in terra e non è esente dall'esigenza di confrontarsi con l'incessante evoluzione dei fenomeni economici e sociali. Ma, detto questo, non posso non tracciare un bilancio entusiasmante della mia esperienza di immigrato italiano e poi di cittadino canadese.

Ho avuto il privilegio di vivere i vent'anni in cui ho fatto le còse piú importanti della mia vita esattamente nell'arco del ventennio piú entusiasmante della storia canadese.

Nel 1963, sono arrivato a Toronto dalla mia Roccamorice e a Ottawa nasceva il governo Pearson, negli anni a seguire il Canada ha definito la propria identità nazionale, è diventato un modello universale di comunità multiculturale, gli Italian Canadians sono ascesi a protagonisti di ogni articolazione della nazione.

La nazione canadese ora c'è e gli Italian Canadians ne sono parte integrante, nella pienezza dei loro diritti e doveri di cittadinanza e nazionalità.

Tuttavia, le plurisecolari diversità d'ispirazione delle due componenti canadesi maggioritarie sono tutt'altro che ricondotte a perfetta unità.

La prova piú eclatante la offre uno dei simboli fondamentali: l'inno nazionale, adottato il 1° Luglio del 1980 ma risalente giusto a un secolo prima.

La musica è la stessa, eseguita per la prima volta il 24 Giugno del 1880.

I due testi ufficiali, però, si diversificano profondamente quanto alle parole da cantare: il testo francese, creato per un'associazione religiosa di Québec City, è pari pari quello del 1880, mentre l'altro non è la versione inglese dell'originale ma un testo del tutto indipendente, creato nel 1908. Il confronto non richiede commenti:

Ô Canada!
Terre de nos aïeux,
Ton front est ceint de fleurons glorieux!
Car ton bras sait porter l'épée,
Il sait porter la croix!
Ton histoire est une épopée
Des plus brillants exploits.
Et ta valeur, de foi trempée,
Protégera nos foyers et nos droits.
Protégera nos foyers et nos droits.

O Canada!
Our home and native land!
True patriot love in all thy sons command.
With glowing hearts we see thee rise,
The True North strong and free!
From far and wide,
O Canada, we stand on guard for thee.
God keep our land glorious and free!
O Canada, we stand on guard for thee.
O Canada, we stand on guard for thee.

Non è detto che questa diversità delle parole affidate al canto sia necessariamente da intendere in termini negativi, cioè come il permanere di contrapposizioni insanabili: forse, vi si può leggere la volontà di esprimere ancora una volta quel concetto di unità nella diversità su cui il Canada moderno fonda la propria identità. Si cantano parole e concetti differenti, ma la musica miscela le voci in una perfetta armonia. Almeno per quel che mi riguarda, questa è la lezione da cavare.

Quando cantiamo l'inno canadese, a teatro, in uno stadio o altrove, accolgo con emozionato affetto le diversità risonanti intorno a me e spesso percepisco l'entusiasmo dei ragazzi che alternano versi francesi e versi inglesi, quasi a voler dire: siamo tutti ugualmente canadesi, fieri di esserlo, quale che sia l'ascendenza di ognuno di noi, quali che siano i dolori da cui proveniamo, quali che siano le inquietudini e le difficoltà in agguato.

Allora, mi piace assecondare un sogno a occhi aperti: il sogno che un giorno s'arrivi a cantare tutti insieme, ognuno nella lingua dei propri antenati, inuit, inglesi, irlandesi, francesi, italiani, cinesi, ucraini, tedeschi, polacchi, norvegesi e quant'altri, tutti a cantare all'unisono i differenti testi ritmati da quella medesima musica, per antivedere tra i monti e i laghi del Canada il piú grande sogno di un'umanità finalmente pervenuta a gioire della meravigliosa armonia e dell'inesauribile ricchezza che solo dalla serena convivenza delle proprie innumerevoli diversità possono fiorire.

Fonti

Il lavoro di studio e documentazione per la preparazione del presente volume si è principalmente avvalso dell'archivio del *Centro Scuola e Cultura Italiana di Toronto*, degli archivi dei giornali *Corriere Canadese* e *The Toronto Star*, dei siti web del *Parliament of Canada*, del *British Parliament* e della *Library of Congress* degli Stati Uniti, nonché delle seguenti opere:

Ariemma, Virginia Williams, *The story of Villa Charities*, Toronto, Villa Charities, 1997

Bagnell, Kenneth, *Canadese: A Portrait of the Italian Canadians*, Toronto, Macmillan, 1989

Balbo, Cesare, *Meditazioni storiche*, Firenze 1855

Berton, Pierre, *1967: The Last Good Year*, Toronto, Doubleday Canada, 1997

Centofanti, Errico, *Italiani nel Mondo*, L'Aquila, LaTerzaLaudomia, 2002

Colantonio, Frank, *From the Ground Up*, Toronto, Between the Lines, 1997

Ferguson, Edith, *Newcomers in transition; an experimental study project conducted by the International Institute of Metropolitan Toronto to study the relation between rural immigrants and Toronto's community services, March 1, 1962 – March 1, 1964*, Toronto, International Institute of Metropolitan Toronto, 1964

Framarin, Benito, *I cattivi pensieri di Don Smarto*, Padova, Edizioni Messaggero Padova, 1986

Gibbon, John Murray, *Canadian Mosaic; the Making of a Northern Nation*, Toronto, McClelland & Stewart, 1938

Harney, Nicholas De Maria, *Eh, paesan!: being Italian in Toronto*, Toronto-Buffalo-London, University of Toronto Press, 1998

Harney, Nicholas De Maria (ed.), *From the Shores of Hardship: Italians in Canada*, Welland, Editions Soleil, 1993

Harney, Robert F. – Scarpaci, J. Vincenza (eds.), *Little Italies in North America, 1885-1945*, Toronto, MHSO, 1981

Iacovetta, Franca, *Such Hardworking People: Italians in Postwar Toronto*, Montreal-Kingston, McGill-Queen's University Press, 1992

Glazer, Nathan – Moynihan, Daniel Patrick, *Beyond the melting pot; the Negroes, Puerto Ricans, Jews, Italians, and Irish of New York City*, Cambridge, Mass., M.I.T. Press, 1963

Molinaro Julius – Maddalena Kuitunen (eds.), *The Luminous Mosaic: Italian Cultural Organizations in Ontario*, Welland, Editions Soleil, 1993

Morgan Di Giovanni, Caroline, *Bravo! A Selection of Prose and Poetry by Italian Canadian Writers*, Toronto, Quattro Books, 2012

Morgan Di Giovanni, Caroline, *Italian Canadian voices: a Literary Anthology, 1946-2004*, Oakville, Mosaic Press, 2006

Porter, John, *The vertical mosaic; an analysis of social class and power in Canada*, Toronto, University of Toronto Press, 1968

Rao, Fortunato, *The Lucky Emigrant*, Toronto, Multicultural History Society of Ontario, 2002

Reitz, Jeffrey G., *Immigration and canadian nation-building in the transition to a knowledge economy*, University of Toronto, June 2002 (This paper was prepared as a contribution to *Controlling Immigration: a Global Perspective*, 2nd Edition, edited by Wayne A. Cornelius, Philip L. Martin, and James F. Hollifield, Stanford University Press. The author would like to thank Raymond Breton, Takeyuki Tsuda and Amanda Greener for helpful comments on an earlier draft, and Kimberly Thai for expert research assistance. The author is R.F. Harney Professor of Ethnic, Immigration and Pluralism Studies, and Professor of Sociology, at the University of Toronto)

Rosoli, Gianfausto (ed.), *Un secolo di emigrazione italiana: 1876-1976*, Roma, Centro Studi Emigrazione, 1978

Royal Commission on Bilingualism and Biculturalism, *Preliminary Report*, Ottawa, Ministry of Supply and Services, 1966

Sbrocchi, Giuseppe Antonio, *L'emigrazione: come l'ho vista e come l'ho vissuta*, New York-Ottawa-Toronto, Legas, 2005

Stefanini, Giancarlo. *Strike: La storia di un'italiano in Canada*. Edizioni Lavoro, Roma, 2014.

Sturino, Franc, *Forging the chain: Italian Emigration to North America, 1930-1980*, Toronto, Multicultural History Society of Ontario, 1990

Toppan, Marino, *The Voice of Labour*, Toronto, Marino Toppan 2004

Zucchi, John, *Italians in Toronto: Development of a National Identity, 1875-1935*, Montreal-Kingston, McGill-Queen's University Press, 1988

L’autore

Alberto Di Giovanni è nato a Roccamorice (Pescara) il 22 Giugno 1945 e ha compiuto gli studi ginnasiali e liceali a Chieti. Nel 1963 ha lasciato l’Italia per raggiungere i suoi familiari in Canada, dove si è laureato presso l’Università di Toronto in scienze politiche e lingue e ha poi conseguito il master in lingua e letteratura italiana.

La sua vita in Canada lo ha visto testimone e assai spesso in primo piano nelle principali vicende della comunità italo-canadese, nel campo dell’associazionismo quale socio-fondatore della Federazione delle Associazioni e dei Clubs Italiani, socio-fondatore del Congresso Nazionale degli italo-canadesi, membro del consiglio generale degli italiani all’estero (2004-2014) nonché come presidente di vari organismi socio-culturali, tra i quali il circolo italiano dell’Universita di Toronto e la Società Dante Alighieri, della quale e’ stato Vice Presidente per il Nord America. Per un breve periodo svolse anche attivita di organizzatore politico e sindacale.

Nel 1976 ha fondato il Centro Scuola e Cultura Italiana, istituto educativo e di promozione culturale tra i piú noti e apprezzati nel mondo. Ha contribuito a diverse pubblicazioni in Italia e in Canada. La sua costante attività e le sue numerose iniziative in campo sociale, educativo e culturale gli hanno meritato varie nomine a servire su enti pubblici quali il consiglio di amministrazione delle biblioteche pubbliche della città di York, la commissione per i diritti umani del governo dell'Ontario. Ha ricevuto numerosi riconoscimenti e premi, tra i quali le onorificenze di Commendatore e Grande Ufficiale dell'Ordine al Merito della Repubblica Italiana, Medaglia d'Oro del Giubileo della Regina del Regno Unito e del Canada, Distinguished Educator Award dell'Ontario Institute for Studies in Education dell'Università di Toronto, Medaglia d'Oro Beata Beatrix, Stella d'Oro al merito sportivo da parte del Comitato Olimpico Nazionale Italiano, Premio Italiani nel Mondo, titolo di Ambasciatore d'Abruzzo nel Mondo, la cittadinanza onoraria di Atri (Abruzzo) e di Amherstburg (Ontario) e l'intestazione al suo nome della biblioteca del Columbus Centre.

MARQUIS

Québec, Canada

RECYCLED
Paper made from recycled material
FSC® C103567

Printed on Enviro 100% post-consumer EcoLogo certified paper, processed chlorine free and manufactured using biogas energy.

100%

PERMANENT

BIO GAS ENERGY